pen BOOKS

江戸design

江戸デザイン学。

ペン編集部【編】

CCCメディアハウス

目次

pen BOOKS

本書は「Pen」2007年6月15日号の
特集「江戸デザイン学。」を再編集したものです。

庶民の生活を彩る、江戸グラフィック

風情を残す、建築モチーフと都市設計。

刻々と姿を変えた、「江戸」という都市。

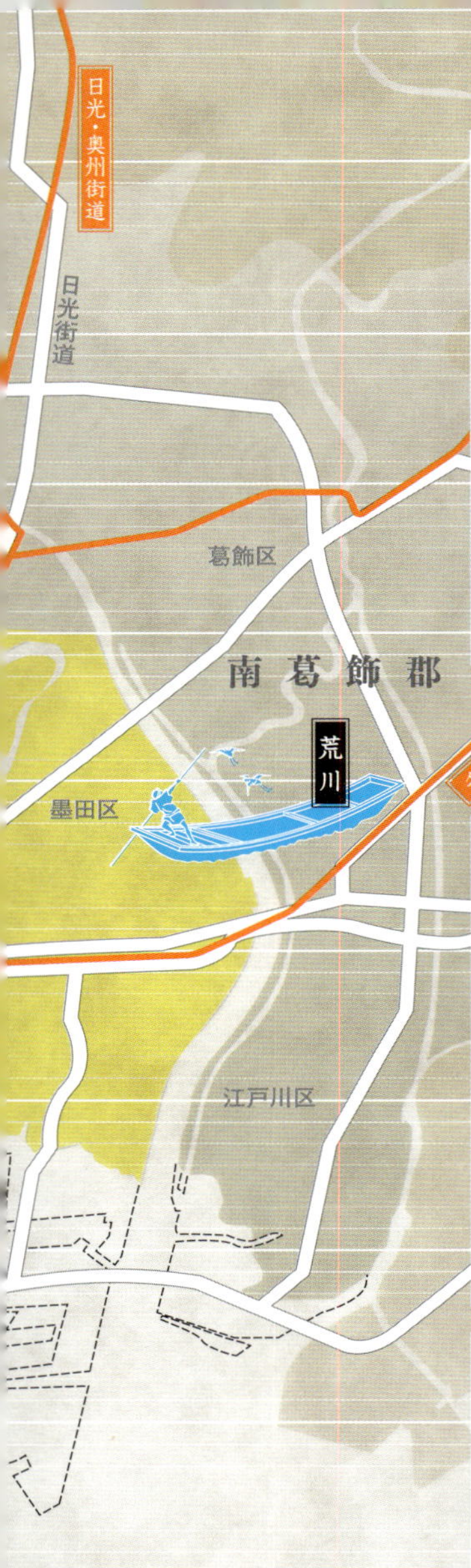

吉原

人形町にあった吉原は、明暦の大火（1657年）後に浅草に近い日本堤に移転し、浅草を江戸いちばんの遊興地にする。廓の中では、3000人を超える遊女が生活していた。

●歌川豊国『吉原大門内花魁道中図』
ボストン美術館蔵

日本橋

慶長8年（1603年）に架橋された日本橋は、五街道の起点として現在まで君臨する。たもとにあった河岸には諸国から集まった物資が陸揚げされ、経済の中心となった。

●歌川広重『東海道五拾三次 日本橋 朝の景』
太田記念美術館蔵

深川

寛永4年（1627年）に富岡八幡宮が創建。元禄11年（1698年）には永代橋が完成し、隅田川を越えて参拝にやって来る客で賑わいを見せた。場所は、現在の門前仲町周辺。

●葛飾北斎『冨嶽三十六景 深川萬年橋下』
東京国立博物館蔵

内藤新宿

現在の新宿三丁目、伊勢丹周辺。山梨方面に向かう甲州街道の第1宿場で、それまであった高井戸の宿が日本橋から遠すぎたため、中間に新しい宿場町として整備された。

●歌川広重『名所江戸百景 四ツ谷内藤新宿』
太田記念美術館蔵

品川宿

江戸の玄関口として古くから栄えた品川湊。東海道を下る旅人目当てに集まった遊女で栄えた中心は現在の北品川周辺で、江戸では吉原に次ぐ賑わいだったという。

●歌川広重『東海道五拾三次 品川 日之出』
品川区立品川歴史館蔵

●明治29年東京府刊「東京府郡区全図」を参考に作成

現在の東京は、400年前の江戸開府でアウトラインが組み立て始められた。とはいっても、前ページの地図で見てのとおり、東京と江戸ではエリアが相当異なるのがおわかりだろう。

慶長8年（1603年）に江戸に入城した徳川家康は、即座に湾岸地域に陸地の造成を指示する。日比谷にあった入江、そして現在の小名木川（江東区）の南を埋め立て、そこに町人の居住区を配置して江戸のビジネスセンターとして機能させる。埋め立てエリアはその後も徐々に拡大し、幕末には、開国を迫る諸外国の船を迎え撃つための「台場」も海岸線に建設された。

江戸の市域は火災によっても広がっていった。幕府は、明暦の大火をはじめとする大火災後の復興プロジェクトで中心部の寺院を郊外へと移設。同時に門前町が周囲に形成され、市街地はさらに外へと延びていくのである。

市域の拡大と同時に家康が急務としたのが、地方に延びる街道の整備だ。東海道、甲州街道、中山道、日光および奥州街道という「五街道」を制定し、それらの起点を日本橋に置いた。さらに江戸の市境には品川宿（東海道）、内藤新宿（甲州街道）、板橋宿（中山道）、千住宿（日光および奥州街道）を設置。旅人の便宜を図ると同時に、人の出入りもチェックしていた。

明治以降もエリアは拡大したが、コアとなる骨格は江戸時代に完成していた。徳川家康が思い描いた理想の都は、世界に誇れる都市としていまなお成長し続けている。（秋山岳志）

江戸design

庶民が愛した浮世絵は、
江戸のポップ・アート

江戸design

風景画×森山大道

LANDSCAPE PAINTING

歌川広重の斬新かつ大胆な都市のスナップ

Daido Moriyama

写真家

●1938年大阪府生まれ。60年代から活躍する写真家。写真集、著書に『犬の記憶』『写真よさようなら』『新宿＋』『moriyama daido t- 82』『Buenos Aires』『昼の学校 夜の学校』『遠野物語』『凶区 Erotica』『にっぽん劇場1965-1970』などがある。

江戸時代に生まれた「庶民のアート」である浮世絵は、現代でいえばポスターや絵葉書のようなもの。それは武家や貴族階級のための高級美術ではなく、懸命に生きる庶民たちの欲望を満たすための、ビジュアル・アートだった。

そのような中から喜多川歌麿の美人画や、東洲斎写楽の役者絵、葛飾北斎の風景画『冨嶽三十六景』、そして歌川広重（1797〜1858年）の『東海道五拾三次』といった世界的な名作の数々が世に送り出されたのである。

広重最晩年の傑作といわれる『名所江戸百景』が描かれたのは、安政3〜5年（1856〜58年）にかけてのこと。写真の黎明期とも重なっている幕末期である。当時の江戸は、大英帝国の首都、ロンドンを凌ぐ100万都市にまで発展していたといわれる大都会。その江戸の府内と郊外に見た119の風景を、広重はすべてタテの構図で描いていた。

一方、写真集『新宿』をはじめ、東京の町なかのスナップショットを数多く撮ってきたのが写真家の森山大道だ。森山さんの目には、約150年前の東京が描かれた『名所江戸百景』はどのように映ったのだろうか。

「ひと言でいうと、広重の浮世絵は〝まるで写真だ〟という感想に尽きるんですよ。ゴッホが模写した有名な作品『亀戸梅屋敷』など

『名所江戸百景《めいしょえどひゃっけい》 浅草田圃酉の町詣《あさくさたんぼとりのまちもうで》』

安政4年（1857年）　大判　江戸東京博物館蔵

新吉原の西南方、浅草田圃にあった鷲神社は、「お酉さま」として有名。江戸時代から出世、武運、開運の神様として庶民に信仰された。また「酉の日」は新吉原にとっても特別な祝いの日で、この絵は遊女の部屋の窓辺を描いた図。手ぬぐいや茶碗が、画面中にはいない人間の存在を感じさせる。

『名所江戸百景 真乳山山谷堀夜景』

めいしょえどひゃっけい まつちやま さんやぼりやけい

安政4年(1857年)　大判　太田記念美術館蔵

提灯を持った下男に導かれて歩く芸者が、スナップ感覚で描かれている。隅田川東岸から西岸の真乳山と山谷辺りを望んで描いた夜景。中央から左に移動した瞬間を捉えており、広重の時間感覚と卓抜な構図が現代的感受性を見せる『名所江戸百景』の新たな発見ともいえる作品だ。

『名所江戸百景 深川洲崎十万坪』

めいしょえどひゃっけい ふかがわすさきじゅうまんつぼ

安政4年（1857年）　大判　太田記念美術館蔵

隅田川河口の左岸にあった深川は、潮の満ち引きで浮き洲が見え隠れする湿地帯だった。徳川家康に開拓を命じられた深川八郎右衛門が地名の由来。洲崎は初日の出、潮干狩り、月見で有名な場所で、この絵は遠く筑波山を望み、雪に覆われ荒涼とした風景を大鷲の「俯瞰の視線」で描いている。

『名所江戸百景 深川萬年橋』

めいしょえどひゃっけい ふかがわまんねんばし

安政4年（1857年）　大判　太田記念美術館蔵

隅田川から小名木川へ入って最初の橋が万年橋。下流の「永代橋」の向こうを張って名づけられた。これもまた画面には描かれていない「誰か」が、手桶の柄から亀を吊るして売っている様子を想像させる。広重が好んだ構図のひとつ。

は知っていたけれど、彼がこれほど丹念に、当時の江戸の風景を描いていたとは思わなかった。

　彼の根底にあったのは、やっぱり〝記録精神〟ではないでしょうか。ここまで当時の町のディテールを描いているというのは、〝歴史を記録する〟という感覚が絶対にあったのだと思います。その精神を喚起したのが、死を前にした晩年という状況だったのかどうかはわかりませんが」

　現代のように交通機関が発達していなかった19世紀には、遠方への移動は容易ではなかったはず。人々は自分が住んでいる江戸という町を、浮世絵の中で描かれる風景を通して、日常の感覚の中で捉えていたのではないか。

　そして、森山さんが評価するのは、その類い稀なる構図の妙技だ。

「フラットに引いた構図も好きですが、『四ツ谷内藤新宿』や『深川萬年橋』のようにパ

『名所江戸百景 利根川ばらばらまつ』
めいしょえどひゃっけい とねがわばらばらまつ
安政3年（1856年） 大判 太田記念美術館蔵
全部で119の風景が描かれた『名所江戸百景』の中で唯一、場所の固有名詞が入っていない絵。利根川の河口近くの、堤防の松のことか。漁師の投げた投網が広がった「決定的瞬間」を描いた、まさに写真的な絵である。

『名所江戸百景 猿わか町よるの景』
めいしょえどひゃっけい さるわかちょうよるのけい
安政3年（1856年） 大判 太田記念美術館蔵
風紀を乱すという理由で、僻地に追いやられた歌舞伎の江戸三座は、皮肉にもこの地で最盛期を迎えることになった。右手手前から森田座、市村座、中村座が並ぶこの新天地は、江戸歌舞伎の祖、猿若勘三郎に因んで名づけられた。

ースペクティブをつけたものが斬新かつ大胆です。それから『浅草田圃酉の町詣』などは格子から外を覗いたアングルですが、これなんかも実に面白いと思いますね。小物が効果的に配置されることで、人間が描かれていないのに人間を感じさせる。現代写真に通じる構図表現の中で、彼は市井の1コマを、緻密に描いたんです」

そこに垣間見えるのは、絵画の文脈にあるスケッチの感覚よりも、カメラで時代を切り取る写真家の視座だ。たとえば下男に導かれる芸者を描いた『真乳山山谷堀夜景』。

「僕が町でスナップする気分や感覚と、この人の視線は近いなと思いますね。そこには、美しく見せるための様式というものよりも、現実をありのままに切り取ろうという意志を感じます。広重の場合、『東海道五拾三次』でも、人々の〝俗〟なる部分をピックアップしている。僕は、情緒や美学というよりも、ブリューゲルの絵のような、客観的な眼差し

『名所江戸百景《めいしょえどひゃっけい》 日本橋通一丁目略図《にほんばしどおりいっちょうめりゃくず》』

安政5年（1858年）　大判　太田記念美術館蔵

日本橋通りは商業の中心地。通りには伊勢、近江、京都の商人たちの江戸店がずらり軒を並べた。右手の白木屋呉服店は、現在のCOREDO日本橋あたり。手前を歩くかっぽれの一団など、エネルギッシュな賑わいを感じさせる。

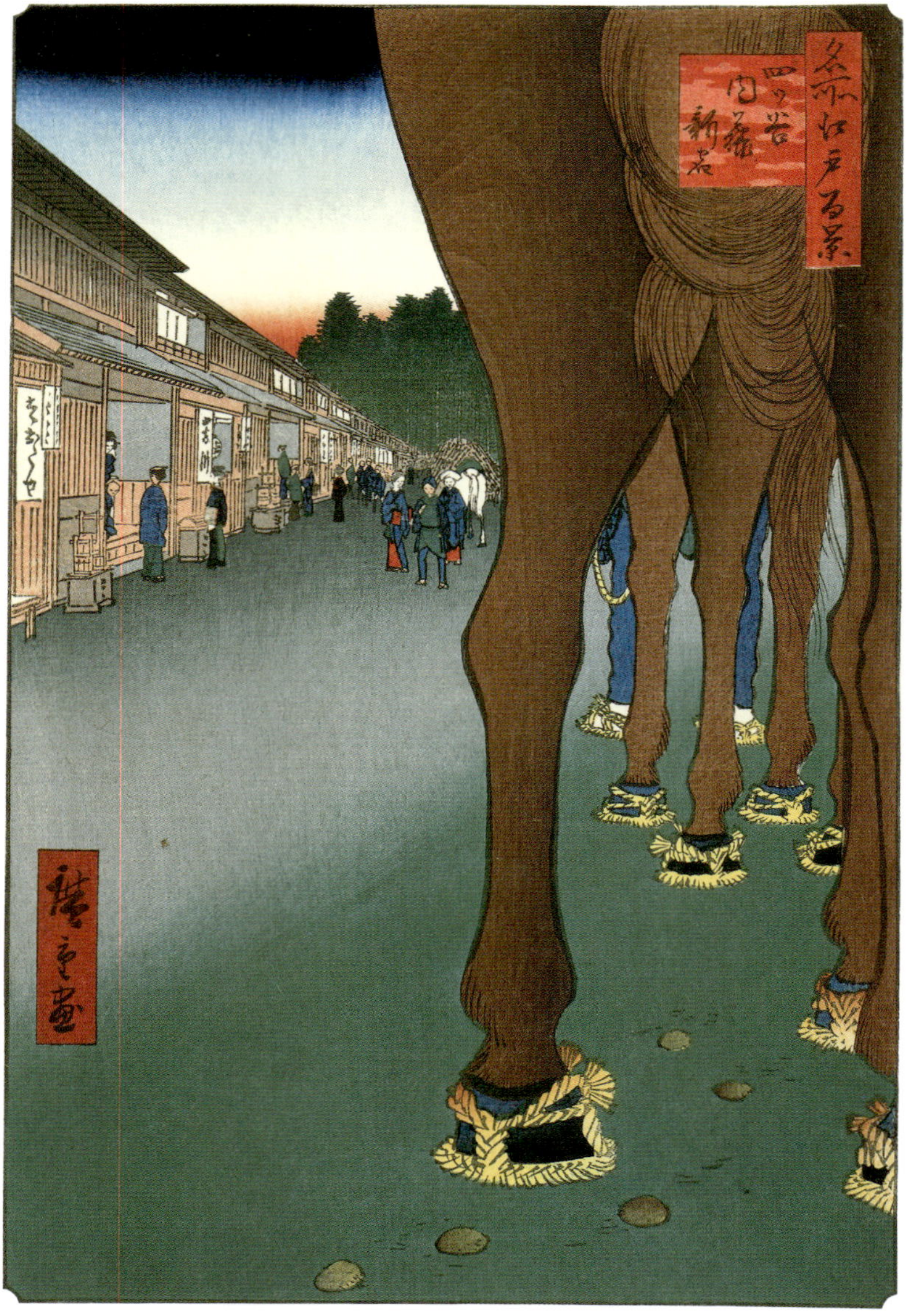

『名所江戸百景 四ツ谷内藤新宿』

めいしょえどひゃっけい よつやないとうしんじゅく

安政4年（1857年）　大判　太田記念美術館蔵

江戸の西の関門である四ツ谷大木戸の先に、甲州街道の最初の宿駅である内藤新宿があった。西方へ運ばれる物資の集積場所で、旅人相手の茶屋、旅籠屋が集まり、当時から繁盛していたという。「四谷新宿馬糞の中で、アヤメ（遊女をさした）咲くとはしおらしい」という潮来節の替え唄が当時流行した。前景に馬の尻を写した大胆な構図が秀逸。

『名所江戸百景 鎧の渡し小網町』

めいしょえどひゃっけい よろいのわたしこあみちょう

安政4年（1857年）　大判　太田記念美術館蔵

現代のポストカードのような1枚。絵の手前で日傘を差して船の往来を眺めているのは商家の娘だろうか。日本橋川に面する小網町は、末広河岸と鎧河岸が並び、関八州・奥州・羽州との取引をする船積問屋が並んでいた。

『名所江戸百景 月の岬』

めいしょえどひゃっけい つきのみさき

安政4年（1857年）　大判　太田記念美術館蔵

品川の北、八ツ山の妓楼から描いた景色。簪の影と、障子から流れ出た着物の裾だけで彼女が遊女であることを示す、心憎い演出だ。中秋の名月と停泊した舟の帆柱が遠めに見え、月見の宴が一段落した気配を感じさせる。

を感じた。つまり、叙情よりも叙事的な醒めた眼を感じたんです。俗だけれども卑俗ではない町の姿の中にこそ、庶民が想起する本当の江戸があるのだと思います」

いまから150年前のこの町で描かれた版画の中に森山さんが見出したものは、日本が世界に誇ったメガロポリスのディテールと、現代の写真家の感覚を持った浮世絵師・広重の「眼」だったのである。（赤坂英人）

「花鳥画」×川瀬敏郎

FLOWERS AND BIRDS PAINTING

葛飾北斎のエロティックな眼差しを感じる。

Toshiro Kawase
花人
●1948年京都府生まれ。日本大学藝術学部卒業後、パリ大学へ留学。日本原初のいけばな「立花(たてはな)」と千利休により大成された「なげいれ」の形式に基づく独自の創作活動を展開。著書に『花会記』『今様花伝書』『四季の花手帖Ⅰ・Ⅱ』『花に習う』など。

かつて、いけばなは公家や武家など上流階級の人々が嗜む文化だった。ところが江戸時代を迎えると、裕福な町人たちも、この新たな芸術を楽しむようになる。さて、現代きっての花人として名を馳せる川瀬敏郎さんにとって、江戸時代はどのように映るのか?

「園芸の品種が多様化した結果、変わり種や珍しいものが求められ、重宝された時代といえますね。そして、それ以前のさまざまなスタイルを個々人が自由に折衷させ、やがて流派いけばなが成立したのも江戸時代です」

そうしたなか、絵の世界でも新奇かつユニークな発想で人々の注目を集め、多彩なスタイルを採り入れた者が現れた。言わずと知れた葛飾北斎（1760〜1849年）である。

花鳥画をはじめ、美人画や風景画、妖怪画に春画など、北斎の絵画は実に多様だが、いずれも大胆な奇想に富むのが特徴。また、この画狂人は勝川春章から浮世絵を、司馬江漢から西欧画を学び、漢画や土佐派の師にも就くなど、ありとあらゆる画法をものにして、独自の作風を確立したのである。

「北斎は、あらゆるものが多様化した、〝江戸〟という時代そのものを生きた存在だったのだと思います。直球勝負ではなく変化球、それもかなりひねったボールを投げ続けたわけですから」

その一例が、『芥子』（21ページ）。植物を題

『大黒天に二股大根』

だいこくてんにふたまただいこん

文化年間（1804 〜 18年）中期頃　紙本着色一幅

葛飾北斎美術館蔵

二股大根は、商売繁盛を祈願して大黒天へお供えするための縁起物として知られるが、北斎の手にかかると一筋縄ではいかない。男女の肉体関係をほのめかすが、淫靡さはまったく感じさせず、大らかなユーモアが漂っている。かつては、フランスの作家エドモン・ド・ゴンクールが所蔵していたと伝わるもの。

『杜若にきりぎりす』

かきつばたにきりぎりす

天保3年(1832年)頃　24.0×35.8cm　ギメ東洋美術館蔵

本作に限っては、変化球ではなく直球勝負。ほとんどデザイン化されることなく、目の前の花をそのまま描き、杜若には気品すら漂う。だが、葉脈に至るまで徹底的に細密に描き、極限のリアリティを突き詰めるあたりはさすが北斎。世界にその名を残す、狂気の眼が貫かれている。

『笠に摘み草』

かさにつみくさ

享和元年(1801年)　摺物

太田記念美術館蔵

笠の中や周囲に、ワラビやツクシなどの山菜が散らばった様子が描かれている。そしてこの笠は、裏地が赤いことからおそらく女性のもの。あたかも、山道で女性が何者かに出くわし、乱暴されたかのような気配をそこはかとなく漂わせる。写実的だが、意味深長な1作。

『鷽 垂桜』
うそ しだれざくら

天保年間(1830 ～ 44年)頃　中判
東京国立博物館蔵

桜といい鷽といい、非常に緻密な描写ながらも、自然のままにスケッチしたわけでは決してない。桜の枝がこのような形に湾曲することはありえないし、鷽の止まり方もあまりにアクロバティックだ。いわば、見世物小屋で桜と鷽が曲芸をさせられているかのような画面構成が実に奇抜だ。

材としながらも、自然を超越した作品だという。

「茎がこれほど歪むことは、現実的にはありえません。おそらくこれは、女性の身体のしなり具合を意匠化したのでしょうね。しかも色合いが淡く、背景もいっさい描いていないから水彩画の雰囲気も漂う。まさしく変化球です」

北斎の描写は花にとどまらず、その奥にある世界へと、見る者を誘う。

「北斎の花鳥画を見ていると、次第に彼の眼差しというものが見えてくる。つまり、花を描いていながらも、実は自分の視点しか描いていない。だからこそ、風景に自分の感情を込めた印象派の画家たちに熱狂的に支持されたのでしょう。そして、彼が花に託したのは人間、大胆に言えば性への興味なのだと思います」

たとえば『大黒天に二股大根』。巨大な大根を背負う構図は確かに奇想といえるが、極めてエロティックな雰囲気も漂わせる1作だ。

「暗喩というよりも、ずばり、女体と交わる男の姿そのものでしょう。しかも、この大根の形といい、白い色といい、あたかも遊女をデザインしたように思えますね」

植物を美しく描くだけでは決して満足しない。それこそが奇特なる画家、北斎を大家たらしめた精神だったのかもしれない。

（新川貴詩）

『芥子』

けし

天保年間（1830 ～ 44年）頃　大判

墨田区蔵

清涼感のある色彩感覚で、風にそよぐ花を描いた1作。だが、花を通して人間の性を描いたとも解釈できる。また、いまでいうクローズアップの手法と、画面左が湾曲し右上部に広く空間をとった大胆な構図は、北斎屈指の代表作『冨嶽三十六景 神奈川沖浪裏』で描かれた大波のうねりを彷彿させる。

■ 美人画×緒川たまき

BEAUTIFUL WOMAN PAINTING

「美人たち」の秘めたるドラマに想いを馳せる。

Tamaki Ogawa

女優

●芸名の“たまき”は画家・詩人である竹久夢二の妻の名をいただいたのだという。本好き、カメラ好きとしてもよく知られる。美術にも造詣が深く、NHK教育テレビ『新日曜美術館』でパーソナリティを務めたこともある。

日頃からアートに並々ならぬ興味を持っている緒川たまきさん。もちろん浮世絵も、とてもお好きだそうだ。

「その中でも美人画というのは、ただ美しいというだけでなく、そこに1人の女性の佇まいまでもが描かれているものだと思います。私が惹かれる美人画には、着こなしや髪型、立ち姿など、同じ女性としても、女優としても、すごく参考になる部分があるんです」

まず一番のお気に入りとして挙げてくれたのは『むまさう』。無残絵で有名な幕末の絵師で、別名〝血まみれ芳年〟などとも呼ばれた月岡芳年の秀作だ。

「むまさうは〝うまそう〟のことですが、この手つき、まるで狐や猫の手の仕草に似ていると思いませんか? ちょっと〝妖怪じみた〟ところが、すごく芳年らしくて好きです」

江戸時代には普通の生活だったものも、現代の視点から見れば非日常の世界。普段は知ることができない部分だからこそ、興味が尽きないという。

ほかのお気に入りは、いずれも色っぽく、理想的な美人たちばかり。

「作者はそれぞれ違うのですが、なんとなく全部似たタイプになってしまいました。私はどうも、縦長の、少し引き延ばしたようなプロポーションの女性に弱いみたいです」

『更衣美人図』は上品な女性を描いた絵かと

『風俗三十二相 むまさう 寛永年間女郎之風俗』
ふうぞくさんじゅうにそう むまさう かんえいねんかんじょろうのふうぞく

月岡芳年（つきおかよしとし）
明治21年（1888年） 大判 太田記念美術館蔵

江戸の女性の仕草を描いたもので、楽しそう、かゆそうなど、“〜そう”でまとめたシリーズの1枚。「当時の生活が偲ばれる史料的価値と、漂う滑稽さに興味を引かれて選びました。ほかに“〜したい”シリーズもあるんですけれど、そういう観点で浮世絵を描いている人って芳年だけなんじゃないでしょうか」

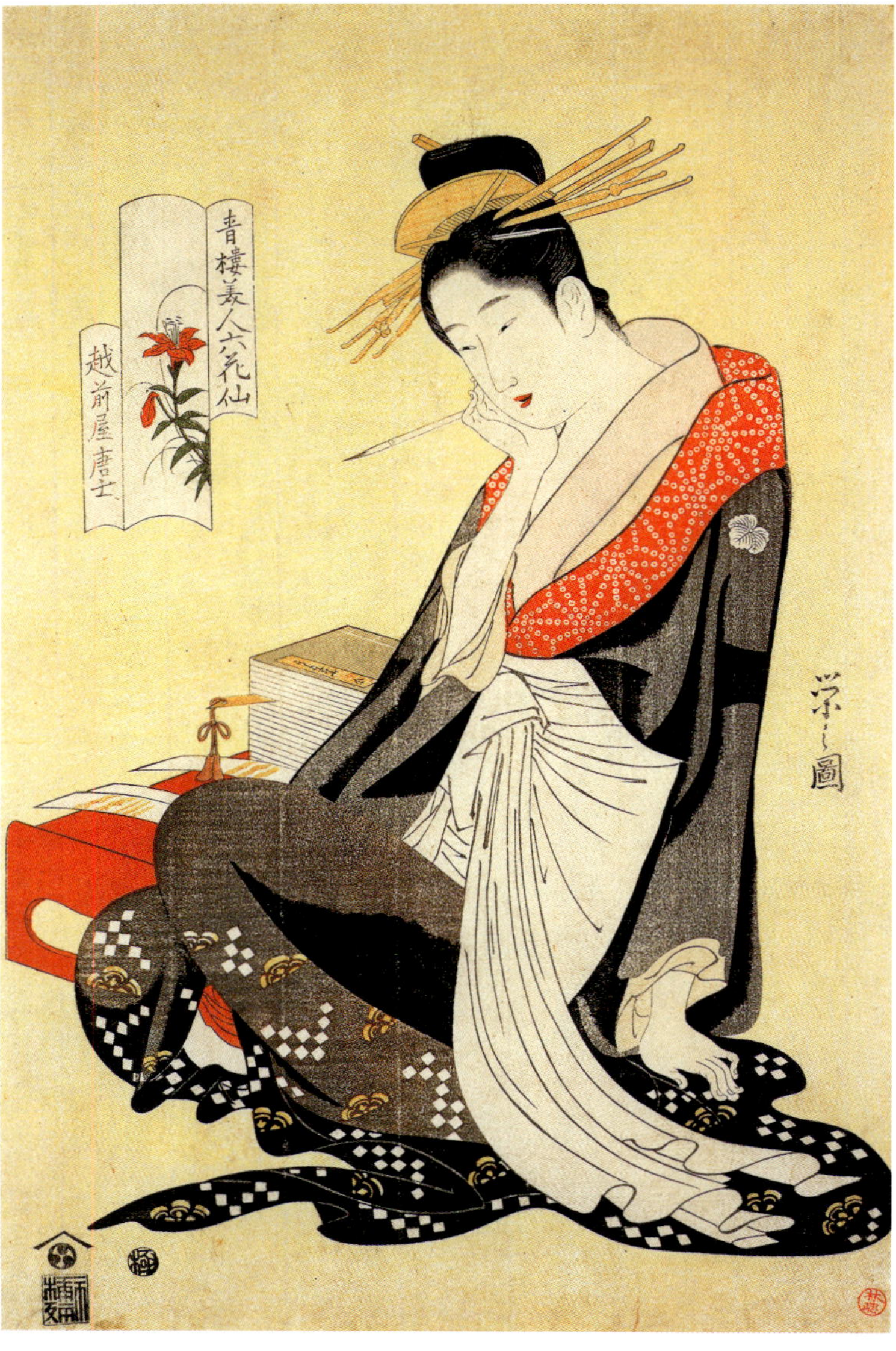

『青楼美人六花仙 越前屋唐士』

せいろうびじんろっかせん えちぜんやもろこし

鳥文斎栄之（ちょうぶんさいえいし）

寛政6〜7年（1794〜95年）頃　大判錦絵　山口県立萩美術館・浦上記念館蔵

栄之はもともと旗本であったが、家督を息子に譲り、美人画の制作に専念した。喜多川歌麿と並び称される18世紀末の美人画絵師。「着物の色や柄、合わせ方の妙を見るにつけ、江戸の女性たちは、かなり高度な“お洒落さん”だったということがよくわかりますよね」

思いきや、帯を解いて肌をさらけ出して暑さをしのいでいるのだとわかった瞬間に、一転してドラマティックな絵に思えてきた。暑いからあおぐという仕草のしどけなさと、品とのせめぎ合いが魅力の秘密かもしれない。

「『雪中相合傘』の男女はすごく幼そうなのに、このシチュエーションは？　というところにドキッとしたりします。一方の『藤下』は親近感の湧く絵ですね。いまの時代でも風の強い日にはスカートがめくれたり、目にゴミが入ったりして大変。でもそんなときでも、仕草が美しければ、こうやって男性の目にも留まるんだなあって。当たり前ですが、毎日、着物を着ているからこそ生まれる、自然な美しい動きというのを改めて感じさせられます」

鳥文斎栄之が描いた『越前屋唐士』は売れっ子の花魁で、絵を描いたり歌を詠んだりするのが得意だったとか。

「こんなに簪《かんざし》を頭に挿した状態でスラスラと

『藤下 風に吹かれる美人』
ふじのした かぜにふかれるびじん

鳥居清長（とりいきよなが）
天明元～2年（1781～82年）頃　柱絵
太田記念美術館蔵

清長は戸外に遊ぶ美人画を好んで多く手がけた。これは柱絵と呼ばれるもので、極端に幅が狭く縦長のスペースに描かれている。「風が強いから髪を守るために頭巾を被っているのか、それとも人目を避けるために被っているのか、と想像が膨らみます」

『雪中相合傘』

せっちゅうあいあいがさ

鈴木春信（すずきはるのぶ）
明和6年（1769年）頃　28.6×20.6cm

美人画の中でも春信の描く女性は可憐で夢幻的な顔をしている。「2人とも、とても身分が高そうで、この女性のほうは傘より重いものを持ったことがなさそうなのにもかかわらず、こんな雪の日に会っているなんて、いったい何があるんでしょうね……」

The Print Collector/Heritage-Images

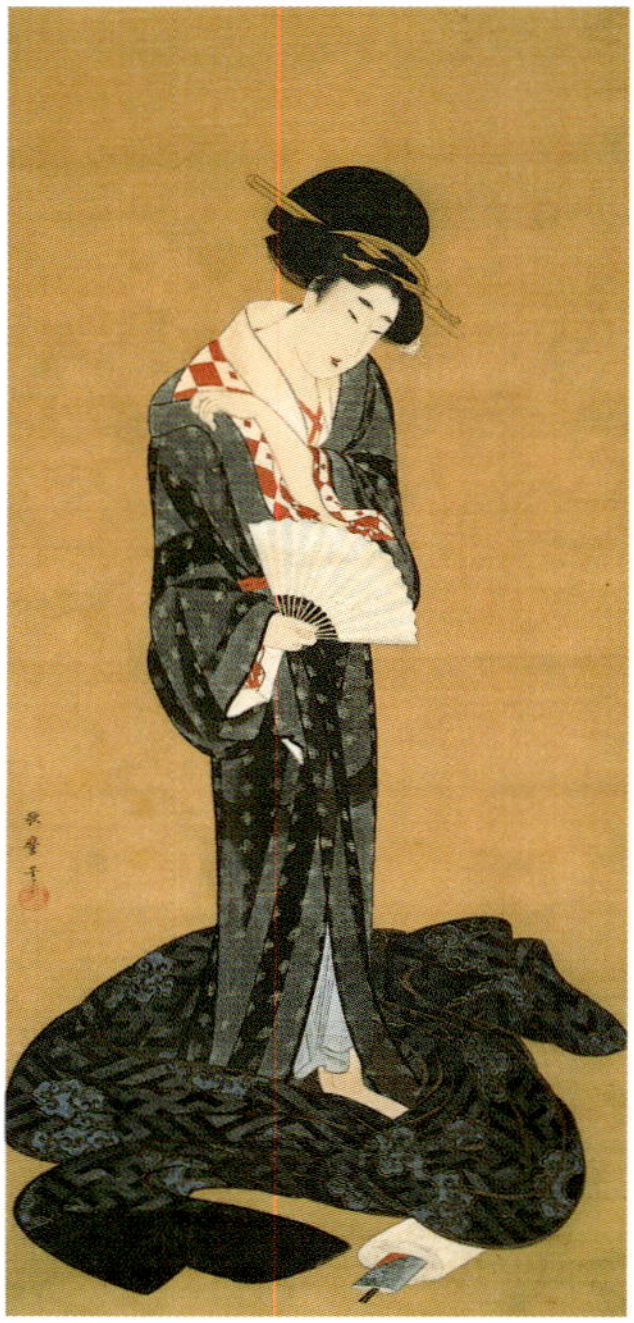

『更衣美人図』

こういびじんず

喜多川歌麿（きたがわうたまろ）
文化年間（1804〜18年）初期　絹本着色

出光美術館蔵 重要文化財

従来の清楚な美人から、官能的な美人を描いて一世を風靡した歌麿は、「大首絵」も多く手がけ、モデルの個性や内面を描いてみせた。これは肉筆画で「暑いので帯を解いて涼んでいる様子。着物を着たときのこの気持ちは、ちょっとわかりますね」

江戸design

筆を執るなんて、私にはとても考えられないことで……。彼女の知性と、置かれている立場の苦労みたいなものが、読み取れるような気がします」

1枚の絵に秘められたドラマをあれこれと紐解きながら見ている時間が、緒川さんの至福のひとときだ。

「映画や舞台と同じように、想像力を喚起する迫力が、美人画にはあるような気がします。江戸の絵師たちの表現力に圧倒されますね」

（牧野容子）

世界の「眼」は、どのように評価したか。

日本を代表するアートとして、いまや不動の地位を築いた浮世絵。建築家のフランク・ロイド・ライトがその熱狂的な収集家だったように、海外の美術館も、数々の傑作を所蔵している。

　ヴィクトリア&アルバート美術館のキャサリン・デイヴィッドは言う。

「無限の多様性こそが、浮世絵の奇跡だと思います。グラマラスな女性の版画から私家版の希少本まで、さまざまなスタイルが皆を虜にしたのです」

　開国を機に世界へと紹介された浮世絵は、フランス印象派の画家たちにも、多大なる影響を与えた。

「平坦な色面、色彩のコントラスト、大胆な構図、クローズアップなどその影響力は絶大。現代のマンガは、まさに浮世絵の後継ではないか」

　と言うのは、ギメ東洋美術館のエレンヌ・バイユーだ。なかでも深く傾注したのはゴッホ。歌川広重の名作を模写したのは有名な話だ。そして場所が変われば鑑賞のポイントもまたさまざま。

「明るく、セクシャルな悦びをオープンにしているところが素晴らしい」というボストン美術館のアン・モースの大胆な指摘もある。

　浮世絵は、かつて日本が最も刺激的だった時代、江戸から世界へと開かれた〝窓〟なのだ。

（赤坂英人）

『相馬の古内裏に将門の姫君、瀧夜叉』

そうまのこだいりにまさかどのひめぎみ、たきやしゃ

歌川国芳（うたがわくによし）

天保15年（1844年）頃　大判錦絵三枚続

日本史の伝説から題材を得た、壮大な3枚続きの傑作。平将門の娘、瀧夜叉姫が宿敵の大宅太郎光圀を怖がらせるため、極悪非道の骸骨を呼び出す場面が描かれている。大きな骸骨が3枚続きの約半分を占め、残酷で気味悪いものを好んだ国芳らしい作品だ。

ロンドンのヴィクトリア&アルバート美術館は1851年に行われた万国博覧会の収益や展示品を元に翌年、産業博物館として開館。現代美術から古美術、さらには電化製品まで多岐にわたるコレクションを誇る。膨大な浮世絵コレクションは、ほぼすべて1852〜1920年の間に収蔵。英国のデザイナーたちにインスピレーションを与えるべく、展示されていたという。

『相州大山大瀧』

そうしゅうおおやまおおたき

歌川広重（うたがわひろしげ）

安政2年（1855年）　団扇絵版錦絵

多くの「団扇絵」を残している広重の作品のなかでも、最も卓越しているといわれる藍摺シリーズの1作。大山の滝を描いたもので、前方、中心、後方などを並列的に描いた視覚効果が斬新だ。遊び心さえ感じさせる傑作である。

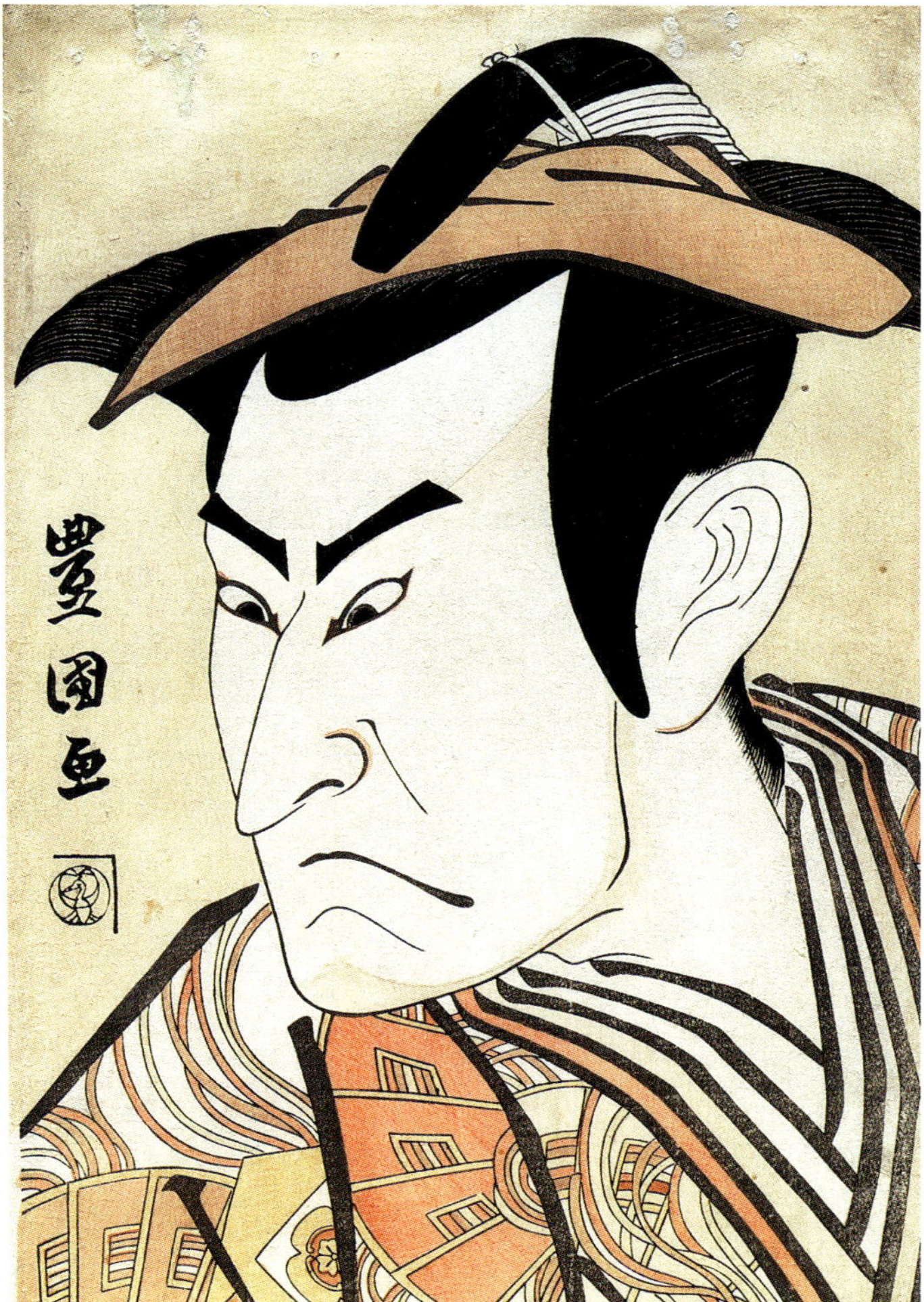

『歌舞伎役者《かぶきやくしゃ》 尾上松助《おのえまつすけ》』

歌川豊国（うたがわとよくに） 寛政11年（1799年）頃　大判錦絵

役者絵画家として有名な豊国は江戸時代で最も独創的な浮世絵師の1人とも称される。数本のダイナミックな線だけで、尾上松助が見せる獰猛な視線を表現している秀作。頭上の髷と衣装の入り組んだデザインが、刺激的な効果をさらに強調している。

©Photo RMN/Richard Lambert/distributed by DNPartcom

『冨嶽三十六景 山下白雨』

ふがくさんじゅうろっけい さんかはくう

葛飾北斎(かつしかほくさい)
天保元年(1830年)　大判錦絵

北斎はフランスの画家や美術評論家、コレクターなどに絶大な影響を与えた。その中でも『冨嶽三十六景』は世界的に有名な作品。自然の表現力、立体感、光の描写の点で、西洋絵画の考え方を一新したシリーズ作品の1つだ。「富士山」が人格化され、神聖なものとして抽象化されている。

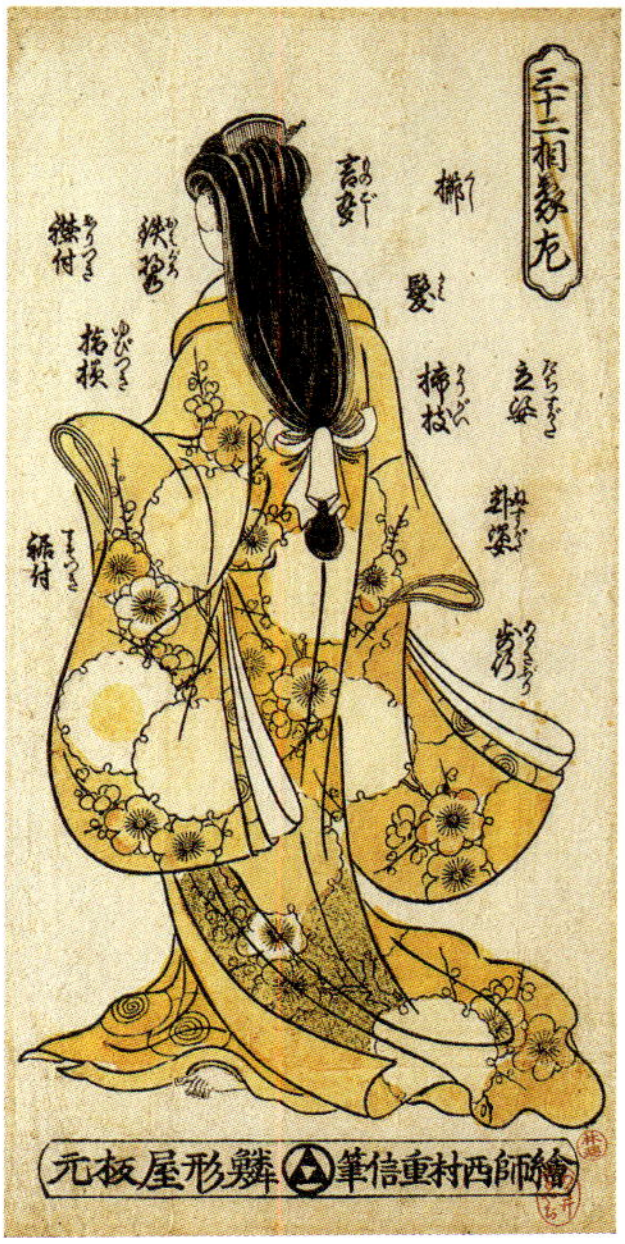

©Photo RMN/distributed by DNPartcom

『三十二相象 左』

さんじゅうにそうしょう ひだり

西村重信(にしむらしげのぶ)　享保14～元文4年(1729～39年)頃　細版錦絵

多色摺りや錦絵の技法が発明される以前の浮世絵。構図、色の選択、デッサン力が優れた作品。3枚絵から成り、女性の魅力の要素を表す三十二相象を描いたもので、仏の身体に備わっている32の特徴を置き換えたもの。作者・重信のユーモアと、仏教文化の広がりを感じさせる。

パリにあるギメ東洋美術館は、1889年に実業家エミール・ギメによって設立。その後、国立美術館に編入され、1945年以降ルーヴル美術館の東洋部としての役割を果たす。世界でも有数の東洋美術を所蔵し、2007年にはその浮世絵コレクション展が東京で開催された。太田記念美術館所蔵の北斎作『虎図』が、ギメ所蔵の『龍図』の対図であることが明らかにされて以来初めて、ともに展示されアート界の話題をさらった。

『歌撰恋之部《かせんこいのぶ》 物思恋《ものおもうこい》』

喜多川歌麿(きたがわうたまろ) 寛政5年(1793年) 大判錦絵

浮世絵の代名詞ともいえる歌麿。この大首絵シリーズは特に革新的で作者の奇抜な着想を象徴している。顔を中心とした構図が秀逸で、女性の身体的な繊細さと、心理的な機微との双方が見事に描かれている。細かな恋愛感情を描く歌麿の才能を如実に示す傑作。

『三味線を弾く美人画』
しゃみせんをひくびじんが

喜多川歌麿(きたがわうたまろ)
文化元～3年(1804 ～ 06年)
絹本着色、掛幅一幅

美人画の巨匠である歌麿の、絵画と詩のコラボレーション作品。三味線を持つ優美な女性の左に、恋愛を語った詩文が描かれている。江戸の粋人たちの遊び心と、教養のレベルの高さがうかがえる。

Fenollosa-Weld Collection 11.4642

William Sturgis Bigelow Collection 11.9240

『朱鍾馗図幟』しゅしょうきずのぼり

葛飾北斎(かつしかほくさい)
文化2年(1805年)　木綿地朱彩、幟絵

北斎美術の素晴らしさのひとつに、実用性のあるものを作っていた面がある。これは当時、男の子の端午の節句に揚げられていた幟の1種。朱色には、邪気を祓う意味があると考えられていたという。

江戸design

アメリカ独立１００周年の１８７６年に開館したボストン美術館。ニューヨークのメトロポリタン美術館同様、民間組織が運営する。収蔵品は50万点を超え、エジプト美術、フランス印象派、日本美術の秀作を多数所蔵している。印刷物で換算すると3万点を超えるという浮世絵コレクションは、ウィリアム・ビゲローが１８７０~80年に来日した際に蒐集したものを核としている。

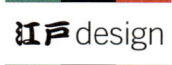

『絵看板 錦木栄小町』
えかんばん にしきぎさかえこまち

無款(鳥居派)(むかん とりいは) 宝暦8年(1758年) 紙本着色、額装一面

歌舞伎芝居を行う劇場小屋のために作られた広告用の絵。屋内用ではなく、屋外に飾られていたものだ。鳥居派は、こうした現代の「広告」にあたるものを作る一派としても知られていた。日本における屋外の劇場広告としては、最も初期の作品だと考えられている貴重な蒐集である。

春

つづらから小袖を引き出し、さあ花見に出かけよう。

如月の梅と寒中椿に新しい季節の到来を喜び、桃の節句を晴れやかに祝ったら、いよいよ桜の咲き誇る春爛漫。江戸の町は一斉に浮き足立ち、老いも若きもみな華やいだ気分に包まれる。

庭先の一本桜のはらはらと散る花びらを、ひとり静かに愛でるもよし。とはいえ、隅田堤の見事な並木、上野や飛鳥山といった桜の名所まで、花見のスポットには事欠かないのが江戸界隈。町の女たちはここぞとばかりに、小袖や自慢の櫛を選り出し、華麗に着飾ってみせる。

寒さにうち震えて着ぶくれする季節はおしまい。春は更衣（ころもがえ）も行事のひとつ。箪笥やつづらの中身を入れ替え、心も一新、軽やかな春の装いで外出を愉しもう。

大店の一家や長屋の連中も、普段の仕事などそっちのけ。天気のいい日は、漆の重箱にご馳走やお菓子をたらふく詰め込み、揃って野山へ花見に出かける。武士だって刀を隠し、町人の格好に化けてまで宴に繰り出すというから、江戸っ子の花見好きは相当なもの。

桜の下で歌や踊りに興じる無礼講の人々、大道芸人や仮装集団、もちろん、お茶屋や物売りもかき入れ時だ。

4月。「目には青葉山ほととぎす初鰹」とくれば、季節はすでに夏の入り口。江戸の世もいまも、まったくもってうららかな春は短い。

（山田香央理）

パワフルで「粋《いき》」な
出版文化を大研究。

江戸design

コラボレーション

大衆を沸かせた、仕掛け人と作家の名コンビ

「さァさァお立ち会い。これなる御仁、名は蔦屋重三郎というお方。通称蔦重と言やあ、大江戸屈指の版元だ。一代で身を興したのがこの蔦重だが、なにしろただ者じゃあない。めぼしい浮世絵師や作家を見つけ出しては面倒を見て、次々と売れ筋の本を生み出した。

なかでも、半端じゃなかったのが山東京伝への入れ込みよう。京伝ってのは、浮世絵も話も書ける天才だったから無理もない。才気溢れるふたりが呼吸を合わせたことで、江戸の本がめっぽう面白くなったってわけだ……」

江戸の出版を語るときにはずせないビッグネーム、蔦屋重三郎と山東京伝。講談調で紹介してみたが、イメージが湧いただろうか。ふたりの立ち位置は、いわば名うての出版プロデューサーと新進気鋭のクリエイター。新たな才能をいち早く発見し、企画の段階から全面的にバックアップしつつ、時代の波に乗った作品を出版していくという構図は、現代と変わらないのが面白い。

ふたりが活躍した18世紀後半は、文化の中心が上方から江戸へと移ってきた時期。田沼意次による商業重視の政策が、市民の間に開放的で享楽的な空気をもたらし、江戸文化が華開いた。出版の分野でも、独創性に富んだ本が次々と誕生していった黄金期である。

そうしたムーブメントの立役者となったのが蔦屋重三郎。彼がパトロンとなり、プロデュ

『江戸の花京橋名取京伝像』東京国立博物館蔵

Image : TNM Image Archives
Source : http://TNMArchives.jp/

山東京伝《さんとうきょうでん》

宝暦11年～文化13年
1761～1816年

浮世絵師、作家、狂歌師、デザイナーとマルチな才能を発揮したクリエイター。画名は北尾政演。軽妙洒脱な作風で一世を風靡するが、寛政の改革で罰せられてからは、考証的研究に転向。

×

『身体開帳略縁起』東京都立中央図書館加賀文庫所蔵

蔦屋重三郎《つたやじゅうざぶろう》

寛永3～寛政9年
1750～97年

吉原のガイドブック出版からネットワークを広げ、日本橋に出版社兼書店を兼ねた耕書堂を開店。芸術家のパトロン兼プロデューサーとして、たび重なる取締りにもひるまず話題作を出版。

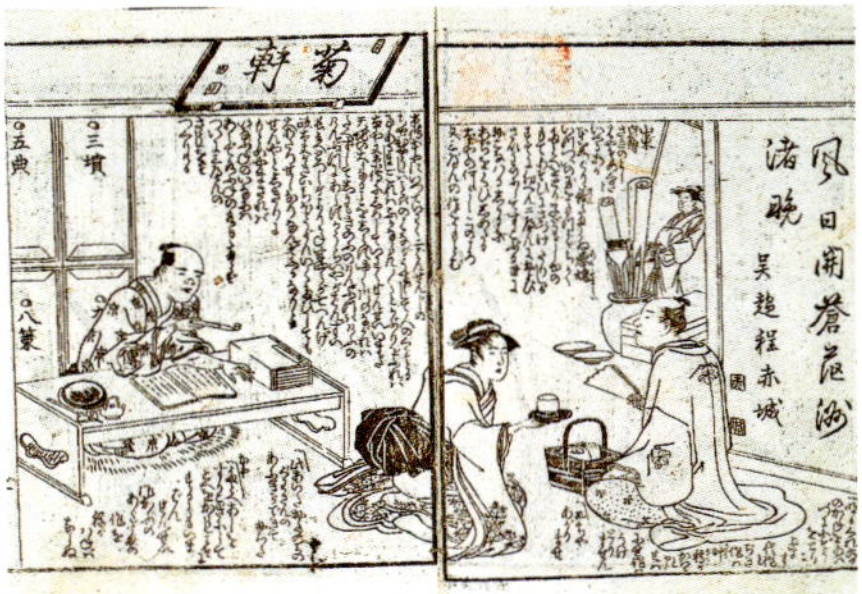

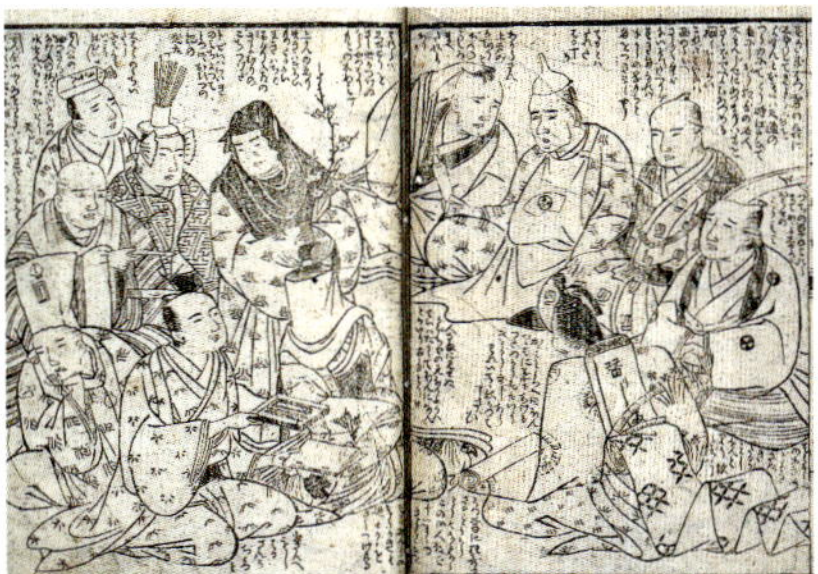

芸術家たちのサロンが、新たな創造の源に。

パトロンとして、人材に投資を惜しまなかった蔦重。右は付き合いの深かった恋川春町作・画の黄表紙『吉原大通会』の挿絵で、墨と筆を持ち、皆に執筆を依頼している蔦重の姿が左下に見える。吉原は夜のサロンとして、芸術家たちの創造の源となった。左は京伝作の黄表紙『堪忍袋緒〆善玉』より。右端が蔦重、左端が京伝。

ともに東京都立中央図書館加賀文庫蔵

ースした人材は数知れない。喜多川歌麿、東洲斎写楽、十返舎一九、滝沢馬琴……。そうそうたるメンバーを居候させたり、吉原で接待したりと投資を惜しまず、一流の芸術家へと育て上げていった。

そんな蔦重だから、画才にも文才にも抜きんでた稀有なマルチ・クリエイター、山東京伝の登場に目をつけないわけがない。まず絵師としての才能を見込んで、浮世絵や本の挿絵を依頼。大ヒットとなったのが『吾妻曲狂歌文庫』だ。これは、風刺や笑いをテーマにした短歌としてもてはやされた狂歌に、京伝が描いた狂歌

浮世絵

『新美人合自筆鏡』
しんびじんあわせじひつかがみ

北尾政演（きたおまさのぶ）画
天明4年（1784年）

東北大学附属図書館蔵

15歳頃から浮世絵師・北尾重政の門下に入った京伝が、北尾政演としての腕を振るった名作。蔦重とのコラボレーション初期の作品で、遊郭の風俗が艶やかに描かれている。初期は師匠風の美人画を描いていたが、遊郭での人間観察が、絵にも物語にも洒脱さと奥行きを加えることに。

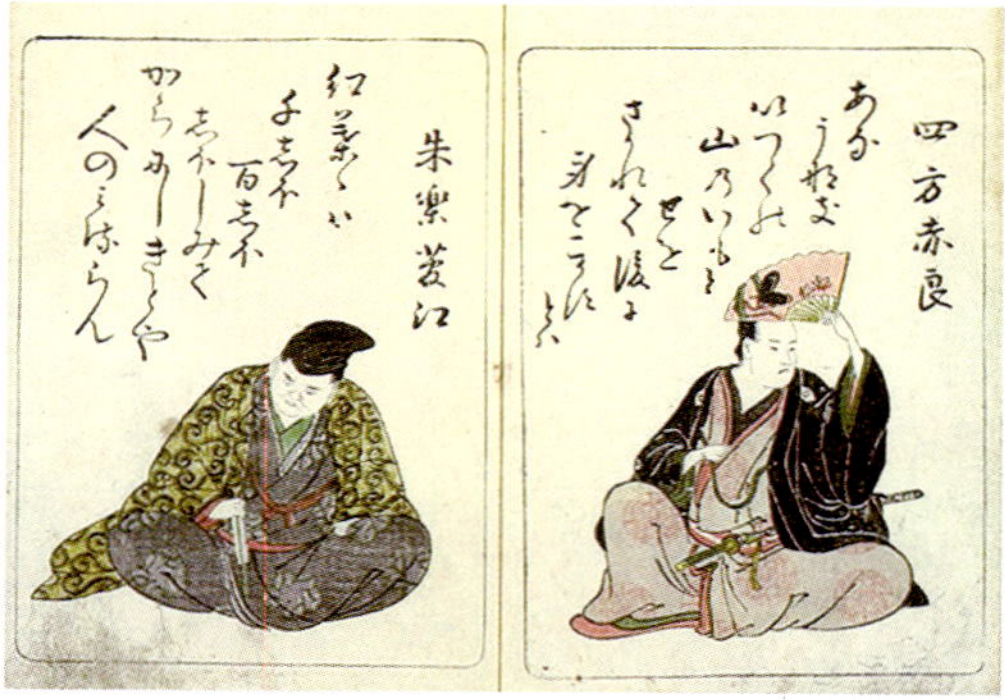

狂歌絵本

『吾妻曲狂歌文庫』
あづまぶりきょうかぶんこ

北尾政演（きたおまさのぶ）画
天明6年（1786年）
東北大学附属図書館蔵

狂歌と浮世絵を組み合わせるという、蔦重のユニークな視点で大ヒットとなった作品。狂歌師50人の作品に、それぞれ政演（京伝）の画による肖像画を添えた。狂歌師たちを王朝歌人風に描いた京伝の鮮やかな色づかいと絶妙の構図が冴える。

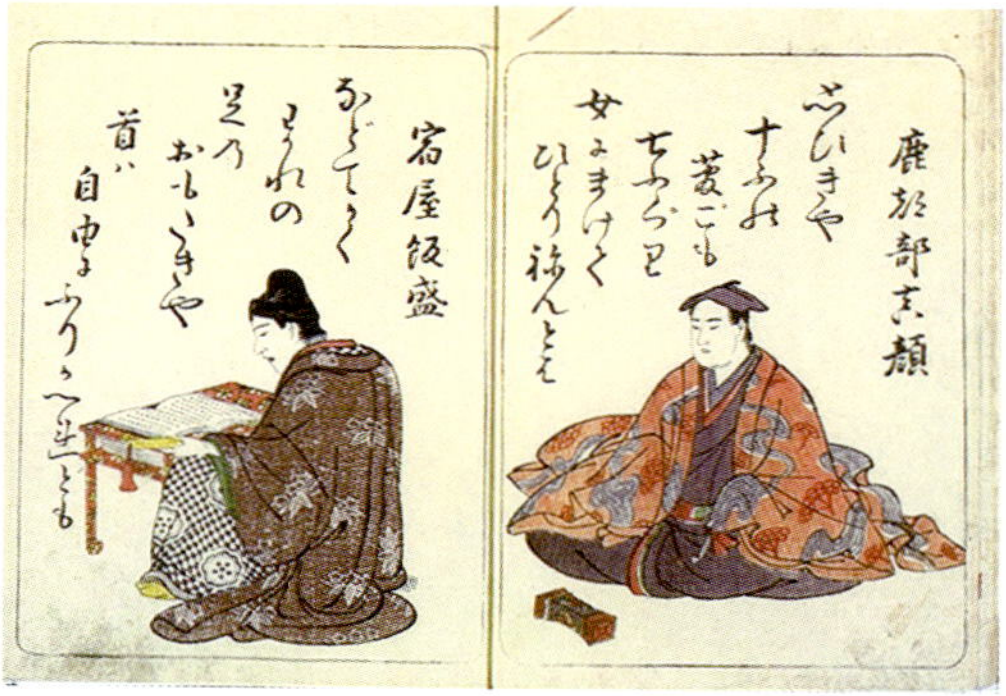

江戸design

師の肖像を添えた絵本。狂歌と浮世絵という組み合わせの新鮮さが評判を呼んだ。さらに、作・画ともに京伝の手による黄表紙（小説に浮世絵の挿絵を添えたもの）『江戸生艶気樺焼』が、大衆を熱狂させた。冴えないボンボンが女にもてようと企むが、ことごとく裏目に出るという話の滑稽さと軽妙さが大受けしたのだ。

　その後もヒットを飛ばし続けたふたりだが、幕府の厳しい出版取締りで罰を受け、勢いをそがれることとなる。だが、稀代のコラボレーションが生んだ作品の数々は、新たな文学のうねりとなり、後世への弾みとなった。

　彼らがもし現代で活躍していたら、ベストセラーはもちろんのこと、メディアの可能性を大きく切り開くエンターテインメントを次々と生み出していったに違いない。

（高瀬由紀子）

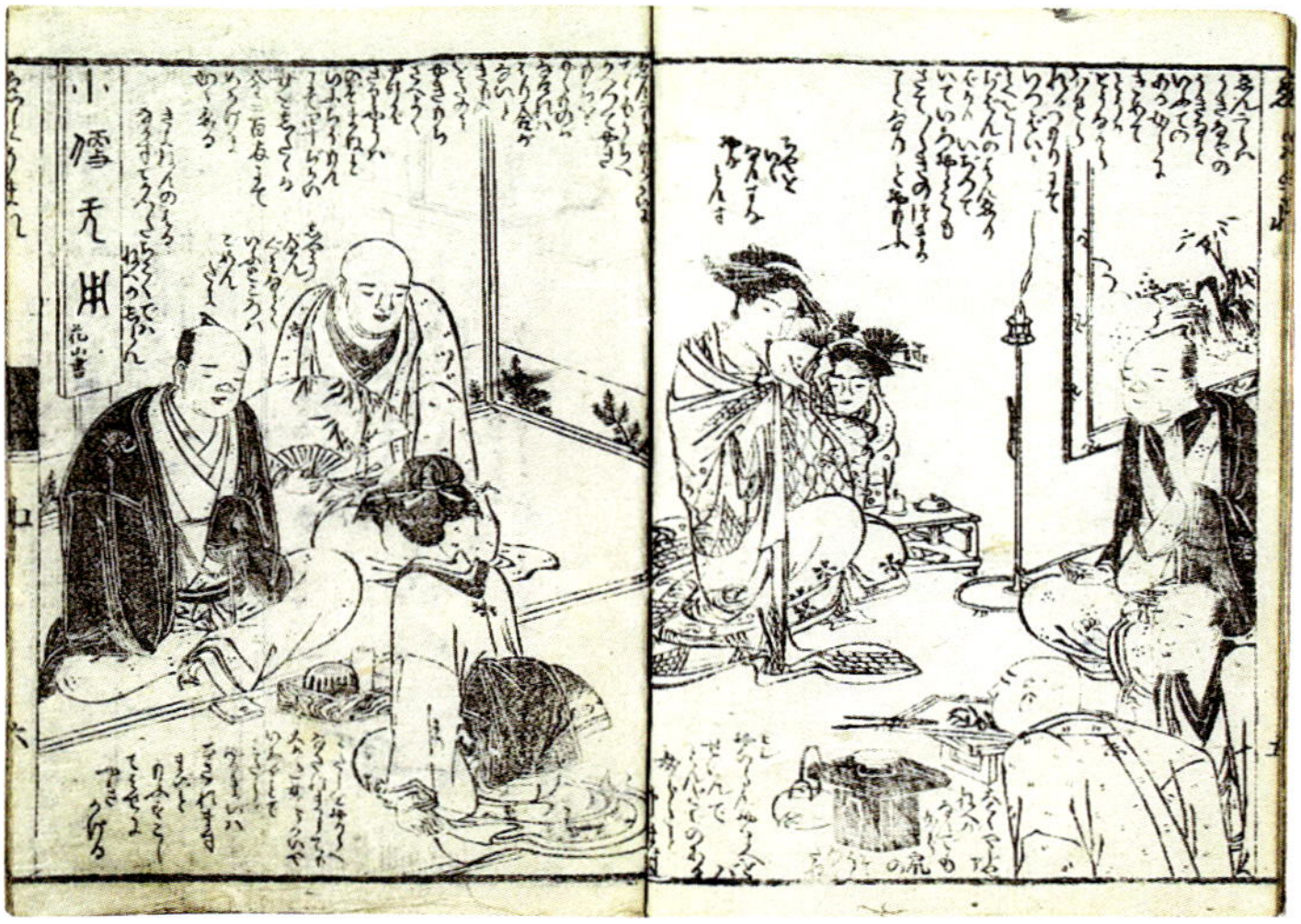

黄表紙

『江戸生艶気樺焼』

えどうまれうわきのかばやき

山東京伝（さんとうきょうでん） 作・画

天明5年（1785年）

早稲田大学図書館蔵

金持ちの息子・仇気屋艶次郎が、モテたいという一心から、通人ぶったりニセ心中を図ったりとさまざまな企てを繰り返す。冴えないが憎めないキャラの艶次郎が共感を呼んだ。なお、題名は江戸名物の“鰻”と“浮気”をかけてもじったもの。

バリエーション

小説から料理本まで、江戸は読み物パラダイス

人情本

『春色梅児誉美』
しゅんしょくうめごよみ

為永春水(ためながしゅんすい)著・画
柳川重信(やながわしげのぶ)画
天保3 ～ 4年(1832 ～ 33年)

国文学研究資料館蔵

色男の丹次郎をめぐって、芸者や許婚などの女たちが恋愛模様を繰り広げる。挿絵の右側に描かれているのが丹次郎。ストーリー性より甘美なラブシーンを強調したところに、若い女性ファンの支持が急上昇。作者の春水はこの作品で人気を得て、人情本の第一人者となった。

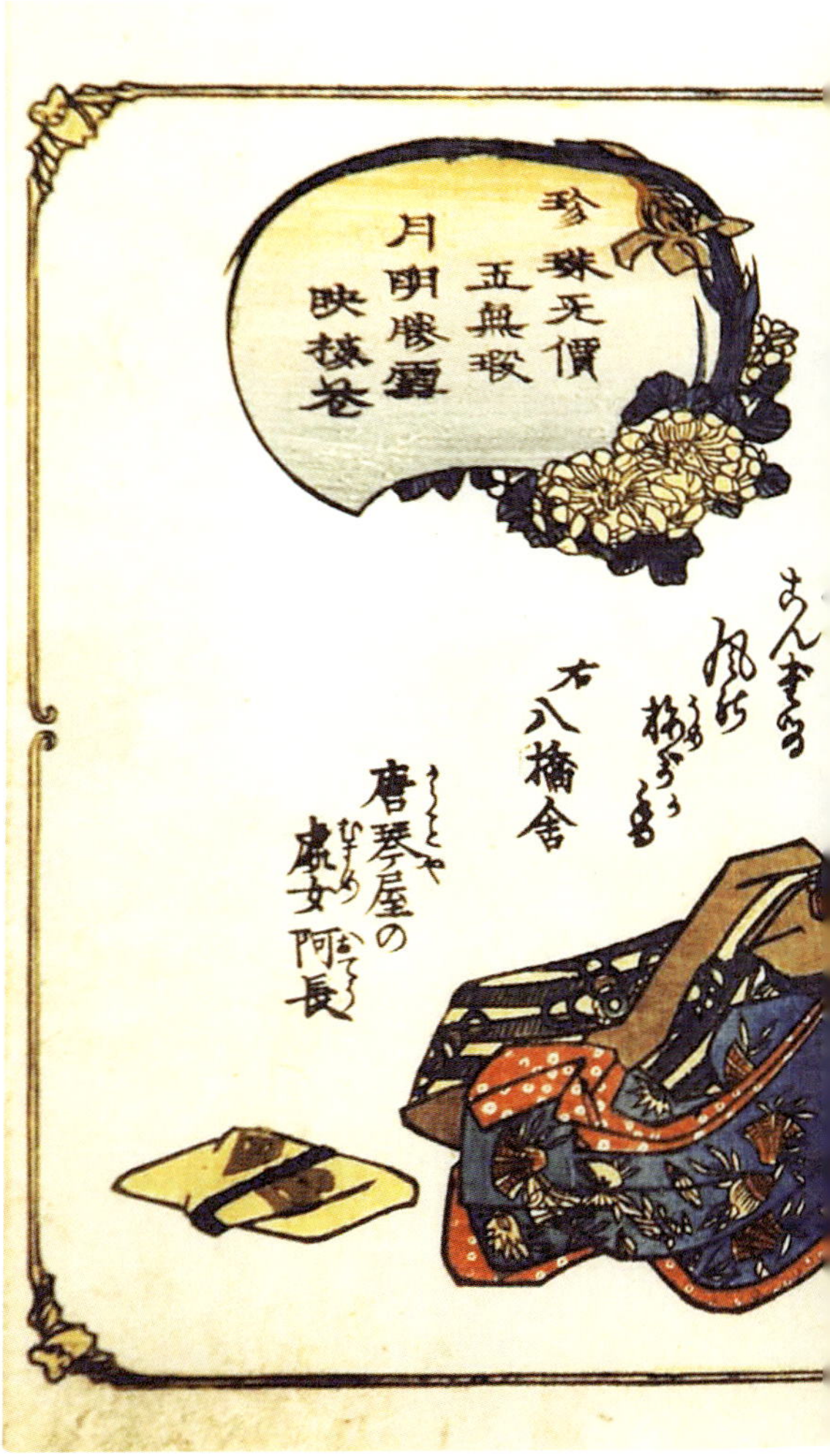

いまから300年前に、世界一識字率の高かった都市は？

答えは江戸。ヨーロッパ諸国と比べても断トツに高く、ロンドンが20％、パリが10％だった18世紀に、江戸は70％を超えていたという説もある。武士はもちろん、寺子屋の発達で庶民にも教育が広く普及していたのだ。

江戸の出版が大いに栄えたのも、こうした高い文化水準があったからこそ。庶民がワクワクしながら読書を楽しむなんて、当時世界のどこにもない光景だ。娯楽としての読み物の魅力を、ジャンル別にひもといてみよう。

胸を躍らせる読み物といえば、やはりストーリー性豊かな小説。ひとくちに小説といっても、実にさまざまな種類があった。知識人の余技として始められたため、「戯作《げさく》」と呼ばれた

合巻

『乳母草子』
めのとのそうし

山東京山(さんとうきょうざん) 著
歌川豊国(三代、うたがわとよくに) 画
弘化元年(1844年)

平井聖コレクション

主人公のお清が孫に教訓話を聞かせるというスタイルで、10編から成る。各編が上下から成るので計20冊。写真の四編のように、上下が連続してひとつの絵となる工夫が。表紙は人気浮世絵師の三代歌川豊国。作者の山東京山は山東京伝の弟で、生涯に数多くの合巻を手がけた。

大衆小説だが、絵が主体か文章が主体かによって、大きくふたつに分けられる。

絵が中心となっているのが「草双紙」。簡素な装丁で見開きごとに絵があり、周りの空白を文が埋めている。吹きだしのようなレイアウトもあり、まさに江戸時代の漫画といった趣。実際、初期は子ども向けに作られていたが、次第に大人向けとなり、「黄表紙」と呼ばれるジャンルが登場する。軽やかでナンセンスな語り口ながら、ときに風刺も込めて鮮やかに世相を斬ってみせるさまに、大衆は喝采を送った。

ページ数が少なく気軽に読める黄表紙だっ

読本

『雨月物語』

うげつものがたり

上田秋成（うえだあきなり）著　安永5年（1776年）　昭和女子大学図書館蔵

亡霊や精霊が現実と交差するあやかしの世界に、幽玄の美を漂わせた怪異小説の傑作。9編の短編から成り、そのうちの2編を題材にした溝口健二の映画も評判となった。挿絵も怪奇的な雰囲気を醸し出している。

黄表紙

『親敵打腹鼓』

おやのかたきうてやはらつづみ

朋誠堂喜三二

（ほうせいどうきさんじ）著

恋川春町（こいかわはるまち）画

出版年不明

早稲田大学図書館蔵

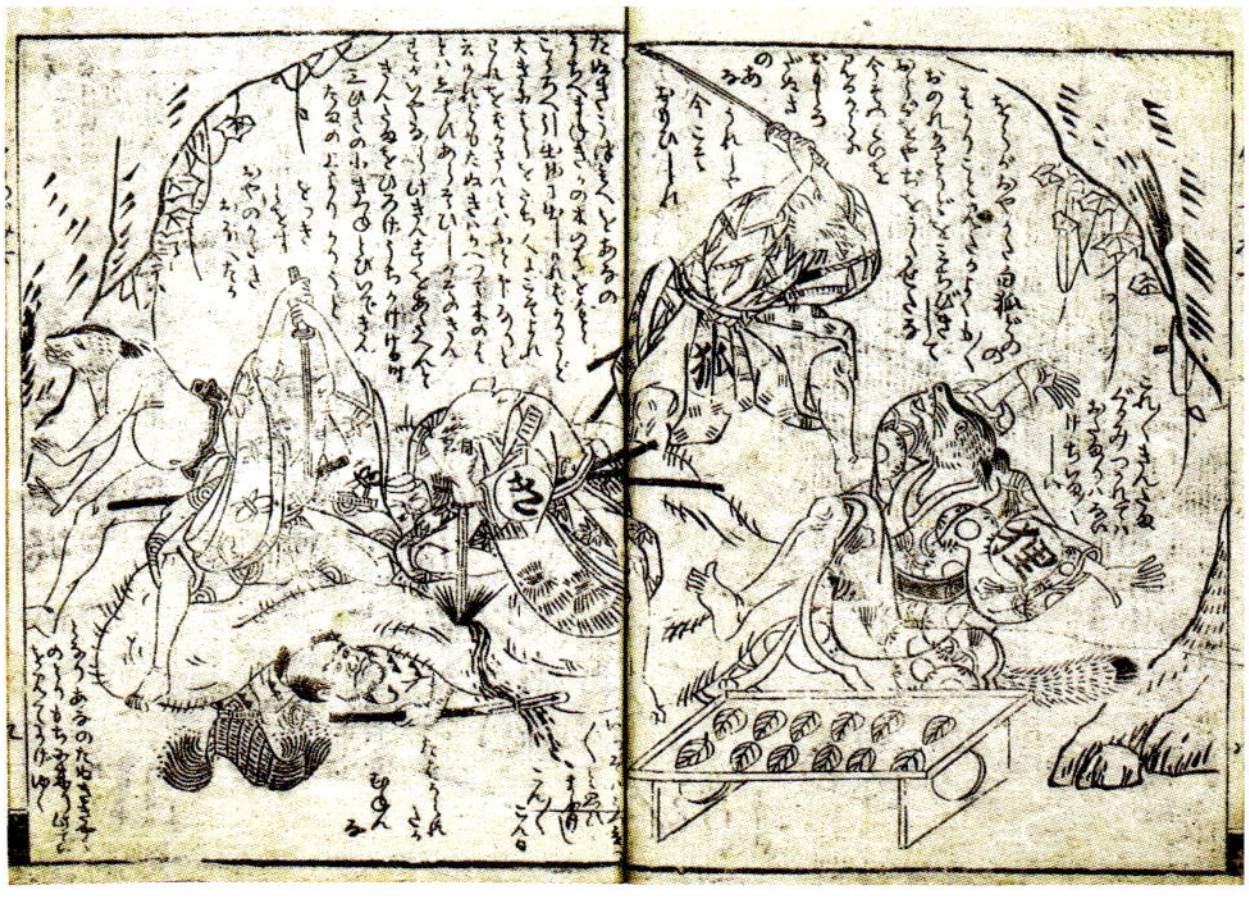

「かちかち山」のパロディ。おとぎ話のラストでウサギに復讐されたタヌキの子どもが、逆に親の敵討ちにでる話。最後はウサギが切腹し、2羽の鳥になって飛んでいく。それが鵜（う）と鷺（さぎ）だという、脱力するようなオチ。

談義本

『根南志具佐』
ねなしぐさ

平賀源内（ひらがげんない）著・画
宝暦13年（1763年）　早稲田大学図書館蔵

エレキテルで知られるマルチ・クリエイター、平賀源内の談義本。人気女形の菊之丞に惚れてしまった閻魔大王が、菊之丞を地獄に引きずり込むため、現世に工作員を送り込むといった破天荒な話が、風刺を利かせて綴られる。

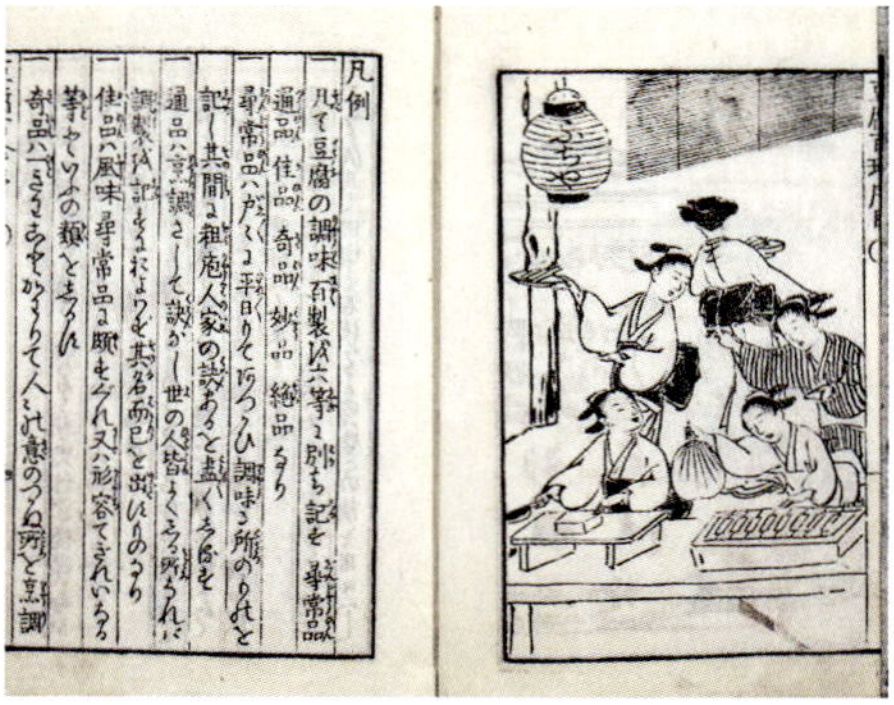

料理本

『豆腐百珍』
とうふひゃくちん

酔狂道人何必醇（読み方不明）著
天明2年（1782年）　東北大学附属図書館蔵

豆腐料理のレシピがずらり100種類。豆腐にまつわる故事や詩文も紹介されるという、格調高い仕上がりも相まって大ヒット。続編や余録まで刊行された。100種の珍しい料理という意味の“百珍”というネーミングも実にキャッチーだった。

たが、ストーリーが複雑になり長編化してくると、数冊を1冊にまとめて綴じる方式が生まれた。これが「合巻《ごうかん》」。表紙がぐっと派手になるのが特徴だ。人気の浮世絵師が手がけた極彩色の絵柄だったり、2〜3冊の表紙が連続画面になるような工夫が凝らされていたりといった具合。ジャケ買いをそそる華やかさだ。

さて、文章が中心の読み物も、ジャンルは多彩だ。「洒落本」は、吉原などの遊里を舞台にした男女の駆け引きを、機微に富んだ会話をふんだんに取り入れて綴ったもの。これに影響を受けつつ、庶民の日常をユーモラスに描いたのが「滑稽本」だ。なかでも、教訓的な要素が入ったものは「談義本」と呼ばれた。市井の恋愛を描いた「人情本」は、ターゲットとした女性層の支持を得ることに成功。また、本格的な長編伝奇小説として人気を博したのが「読本《よみほん》」だ。勧善懲悪や因果応報といった世界が繰り広げられる一大スペクタクルに、江戸の読者は映画を見るようにドキドキさせられたに違いない。

滑稽本

『浮世風呂』

うきよぶろ

式亭三馬(しきていさんば) 著
北川美丸(きたがわよしまる)・
歌川国直(うたがわくになお) 画
文化6 ～ 9年(1809 ～ 12年)

早稲田大学図書館蔵

舞台は銭湯。男湯と女湯それぞれで交わされる人々の会話を通じて、当時の世相や庶民生活の実態を鮮やかに浮かび上がらせている。引き続き、同じく庶民の社交場である床屋を舞台にした、『浮世床』という作品も発表。

小説がもてはやされた一方、ガイドブック的な書物の人気も見逃せない。旅ガイドや園芸書などいろいろあるが、食文化が発展した江戸後期にブームとなったのが「料理本」だ。豆腐料理のレシピが１００種類も載った『豆腐百珍』の大ヒットを受け、『鯛百珍』『蒟蒻百珍』など、〝百珍〟ものが大流行。本に食欲を掻き立てられながら長屋の台所に立つ人々の光景を想像すると、なんとも親近感が湧いてくる。

こうしてみると、まさに江戸は読み物パラダイス。活字好きの日本人のルーツは、こんなところにあるのかもしれない。

(高瀬由紀子)

ベストセラー

江戸っ子は、軽妙な風刺や洒落がお好き。

「お客さん、こんな新作が入ったよ。うぶな若旦那が、吉原に連れてかれて右往左往。連れは遊び人気取りで世話を焼くが、百戦錬磨の花魁が、堅物の若旦那のほうに惚れちまうっていう筋書きだ。どう、読んでみないかい?」

たとえば、こんなセールストークが長屋で繰り広げられたかもしれない。声の主は、本の束をずっしり背負った貸本屋。書物が高価なものだった江戸時代、版元と本と庶民の橋渡しの役目を果たしたのが貸本屋なのだ。版元から仕入れた本のあらすじを顧客に聞かせてアピールし、期限を決めて安く貸し出す。まさに現代の宅配レンタルさながらのサービスである。

ちなみに江戸の出版業界では、数千部も売れ

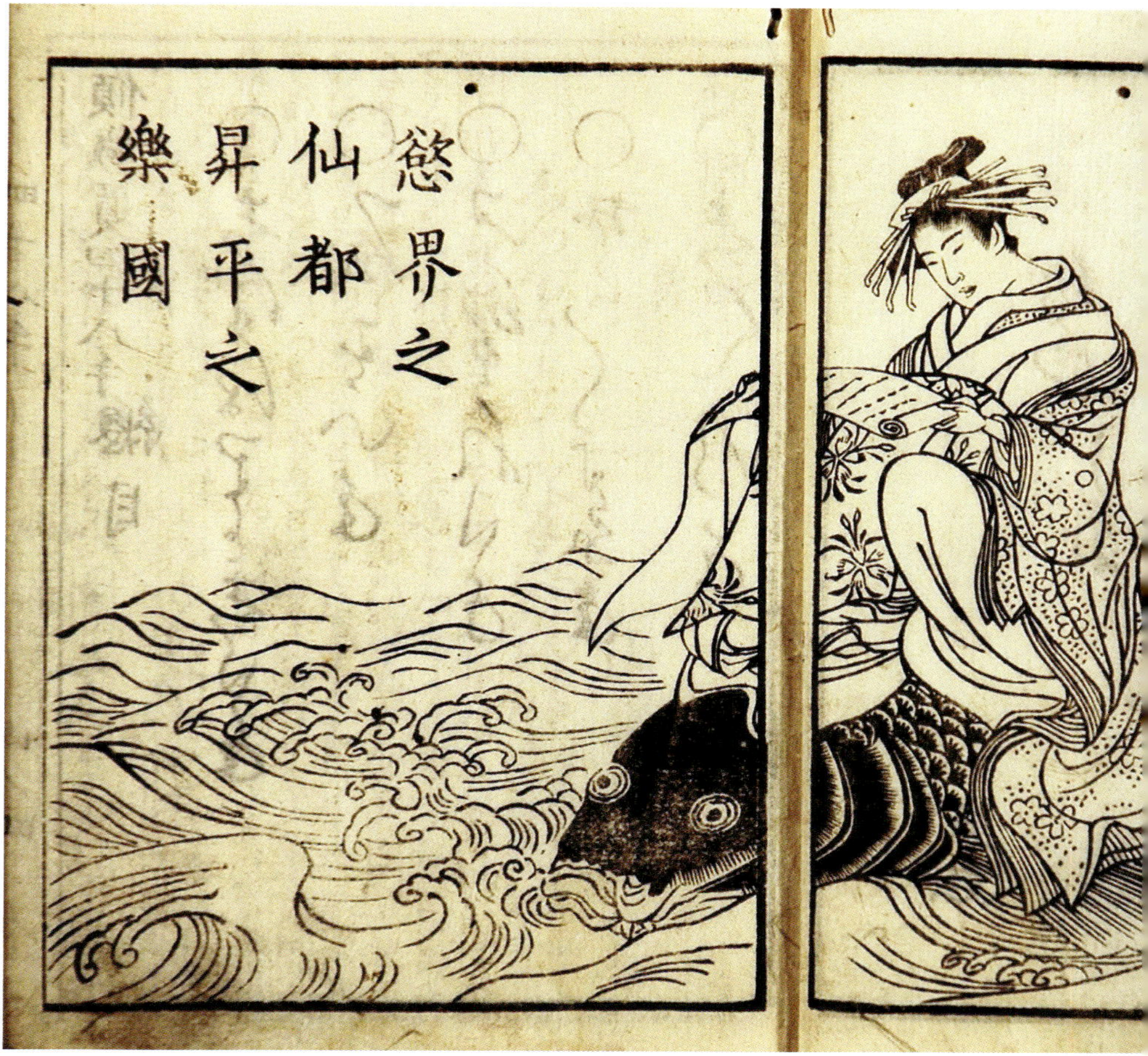

洒落本

『傾城買四十八手』《けいせいかいしじゅうはって》

山東京伝（さんとうきょうでん）著・画
寛政2年（1790年）

国文学研究資料館蔵

京伝と蔦重とのコラボレーションによるヒット作のひとつ。遊女と客とのやりとりのさまざまなパターンを巧みに描きつつ、京伝自身による評を加えている。この作品をはじめ、遊里に通じた京伝は次々といきで洗練された描写の作品を生み出し、洒落本の大成者と称賛された。

ればベストセラー。えらく少ないと感じるが、貸本屋システムが行き届いていたから、読者数ははるかに多かった。1万部を超えたら、江戸中が熱狂するほどのミリオンセラーだったのである。

では、どんな本がベストセラーとなったのだろう？　学術書や実用書のように、時代を問わないロングセラーもあるが、ここでは時勢を反映して短期間で大ヒットとなった読み物を挙げてみたい。

たとえば、黄表紙の元祖といわれる『金々先生栄花夢』。田舎者の青年が一旗揚げようと江戸に来て、粟餅屋で一服する。その後金持ちの養子になって放蕩の限りを尽くし、勘当されてハッとすると、すべては夢。粟餅屋でうたた寝してしまった間の出来事だった。やはり真面目に暮らそうと、田舎に帰るという話。ストーリーは単純だが、絵と一体になった洒落や風刺が随所に織り込まれ、知的ナンセンスのわかる大人の読者層が飛びついた。

『傾城買四十八手』は、前述した人気作家、山東京伝の洒落本。〝傾城〟、つまり〝遊女〟と客とのやりとりを、相撲の四十八手よろしく実にさまざまなパターンで紹介した本である。嫉妬深い男をこき下ろした「やすい手」、お互い本気になってしまった男女の哀切を描く「真の手」など、巧みな心理描写が多くの読者を虜にした。

政治ネタも果敢に取り入れられているのがすごい。『文武二道万石通』は、松平定信が行った寛政の改革を風刺した作品。文武奨励策などを巧みに茶化しつつ皮肉る語り口に、庶民はやんやの喝采を送った。

そして、江戸最大のベストセラーといえるのが、合巻の『偐《にせ》紫田舎源氏』。これは、『源氏物語』のあらすじを歌舞伎調のパロディにしたもの。誰でも知っているストーリーをベースにひねりと遊びを利かせるという、ヒット作の王道をいった作品である。38編もの長編が、各編1万部を超えたというから未曾有のフィーバ

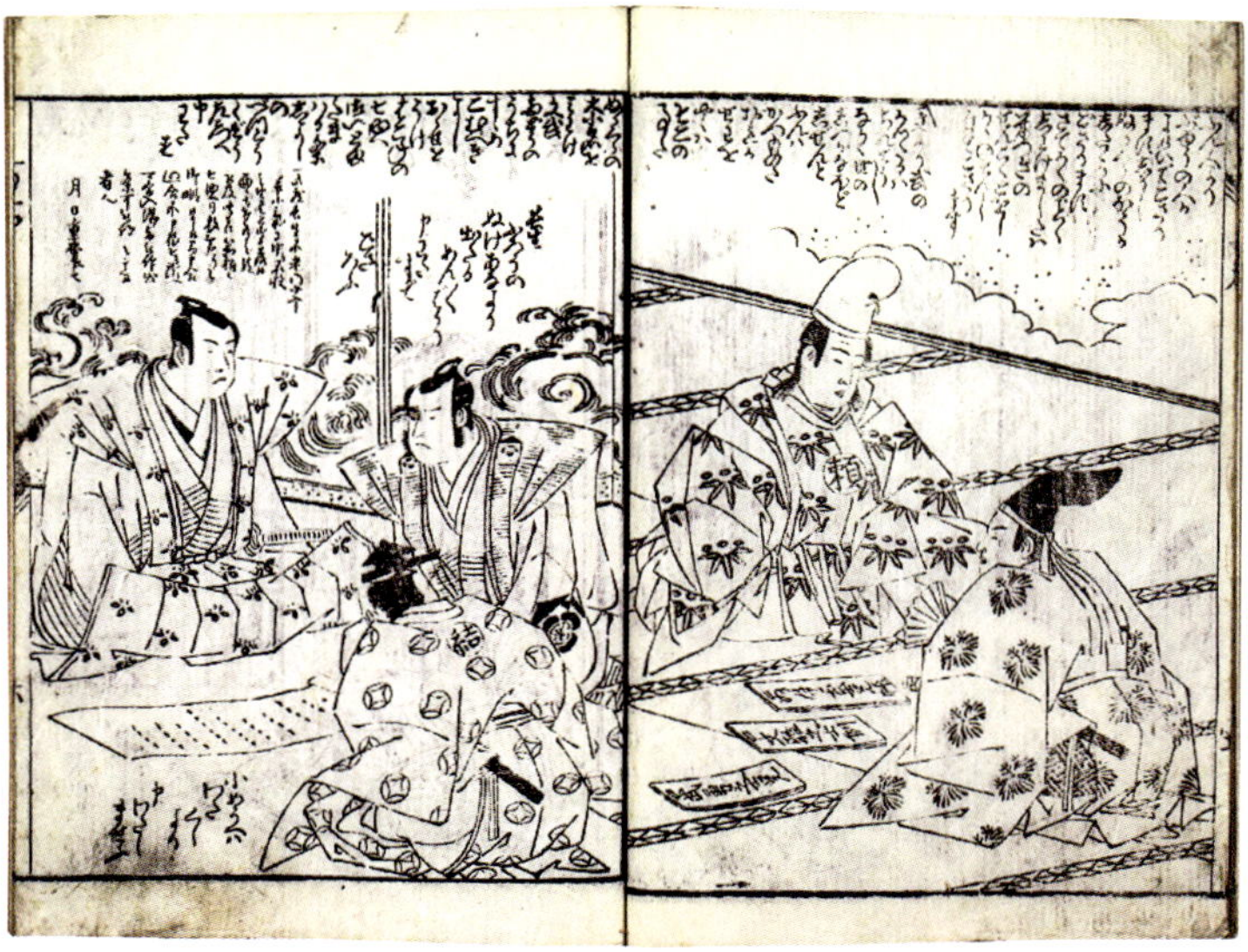

黄表紙

『文武二道万石通』ぶんぶにどうまんごくどおし

朋誠堂喜三二（ほうせいどうきさんじ）著　**喜多川行麿**（きたがわゆきまろ）画　天明8年（1788年）　早稲田大学図書館蔵

政治の内情に通じた鋭い切り口は、武家出身で藩の要職に就いていた作者・朋誠堂喜三二ならでは。文武奨励策を皮肉り、文武のどちらも冴えない武士の体たらくぶりを滑稽に描いた。実在の人物たちを暗喩したこともあり幕府のとがめを受け、結果的に喜三二は文筆業を廃することになってしまった。

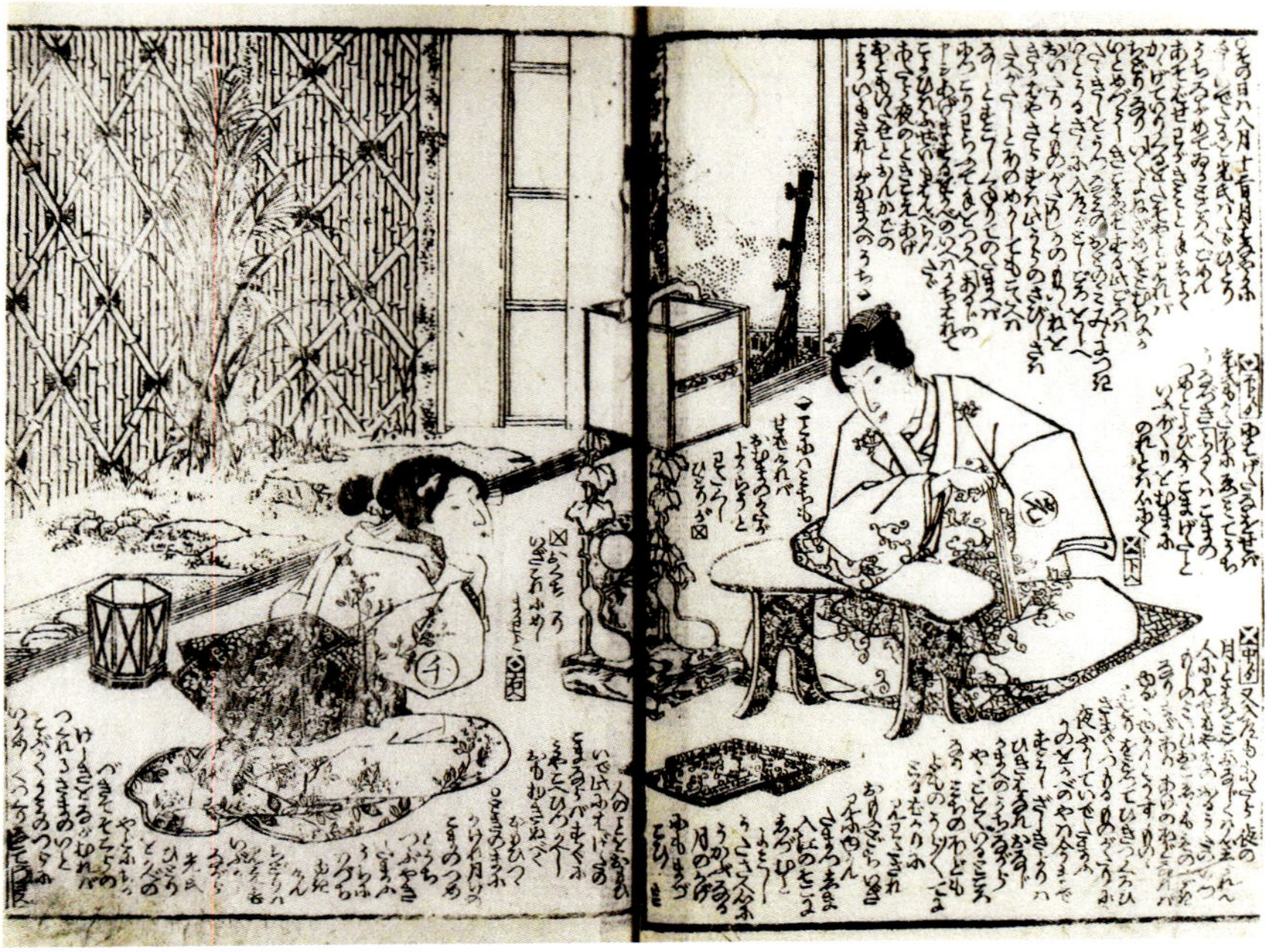

ーだ。

実は、本が政治・風俗に及ぼす影響を恐れて、幕府はたびたび出版取締りを行っている。一度ならずとがめを受け、文筆の道を絶った作者も多い。だが、厳しい統制にもめげず、ほとぼりがさめると新たな才能が出現し、人々を湧かせ続けた。江戸の出版のバイタリティ、恐るべしである。

（高瀬由紀子）

合巻

『偐紫田舎源氏』

にせむらさきいなかげんじ

柳亭種彦（りゅうていたねひこ）著

歌川豊国（三代、うたがわとよくに）画

文政12～天保13年（1829～42年） 平川聖コレクション

『源氏物語』のパロディという楽しさと、人気浮世絵師の三代歌川豊国による華麗な絵の魅力が相まって、空前の大ヒット。新巻の発売前には本屋に行列ができたという。この本も幕府のとがめを受け、絶版となった。

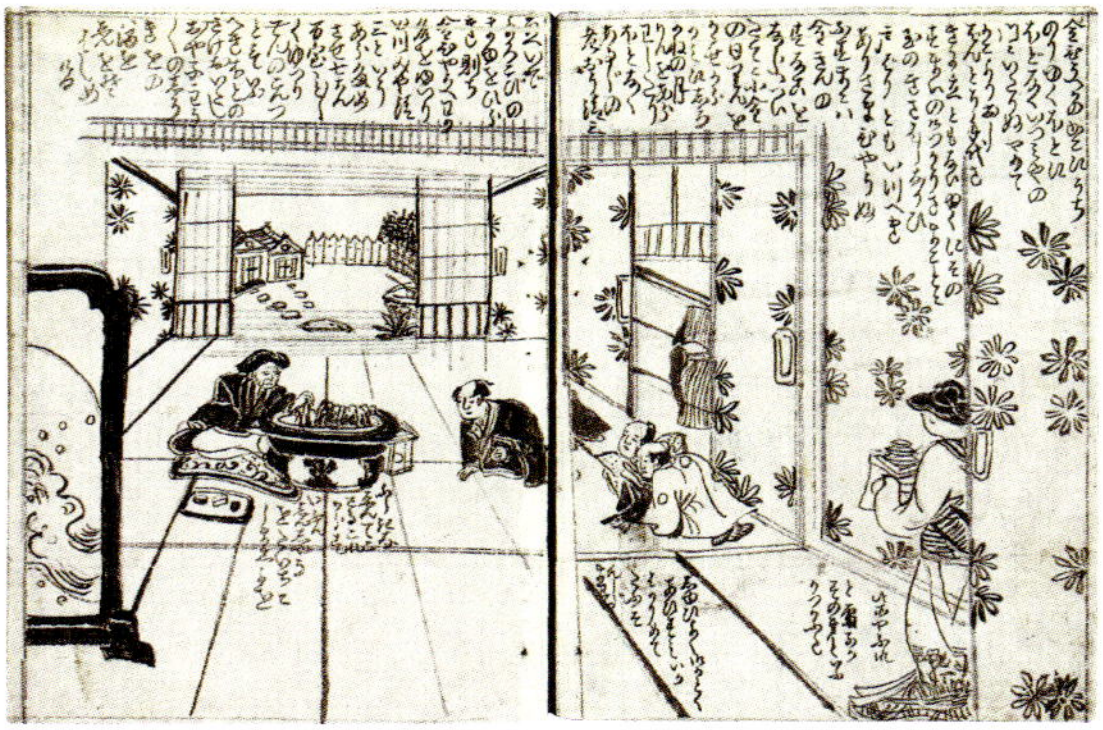

黄表紙

『金々先生栄花夢』

きんきんせんせいえいがのゆめ

恋川春町（こいかわはるまち）著・画

安永4年（1775年） 早稲田大学図書館蔵

漫画のような吹きだしの中に、文章がびっしりという構図が面白い。上の見開きは、粟餅屋でうとうとしている主人公の場面。夢の中に立派な駕籠が出てきて、金持ちの若旦那に迎えられる。下は連れてこられた豪邸。

広告媒体

微笑ましくもしたたかな、広告あの手この手。

多くの庶民が字を読める。出版文化も盛んになる。こうした地盤が整った江戸中期以降は、コミュニケーションの早さも幅も、物事を直接見聞きするだけの頃と比べて格段にアップした。

となれば、商売人にとっても大チャンス。文字や出版媒体を強力な宣伝ツールとして活用した、さまざまな広告が江戸の町に溢れかえった。大通りには店の看板や暖簾が並び、路地を入った裏長屋や銭湯の洗い場にまで、看板や引札が貼られるようになった。

引札とは、宣伝文句や絵が入った、現代のチラシのようなもの。これを大量に作って配ることで、広告効果は一気に高まった。著名な戯作者や浮世絵師が手がけることもしばしばだったから、その反響はさぞすごかったに違いない。

この場合、商品を売りたいと願う店がクライアント、本の場合と同じく版元がアート・ディレクター、戯作者がコピーライターで浮世絵師がイラストレーターかデザイナーといったところ。現代の広告と同じく、こうしたプロの仕

錦絵

女湯で派手に繰り広げられる喧嘩の様子を描いた『競細腰雪柳風呂』。壁には寄席の案内や、薬の引札などがびっしり張り巡らされている。当時の銭湯や床屋は社交場だったから、広告を貼るには格好の場所だった。

（財）吉田秀雄記念事業財団　アド・ミュージアム東京蔵

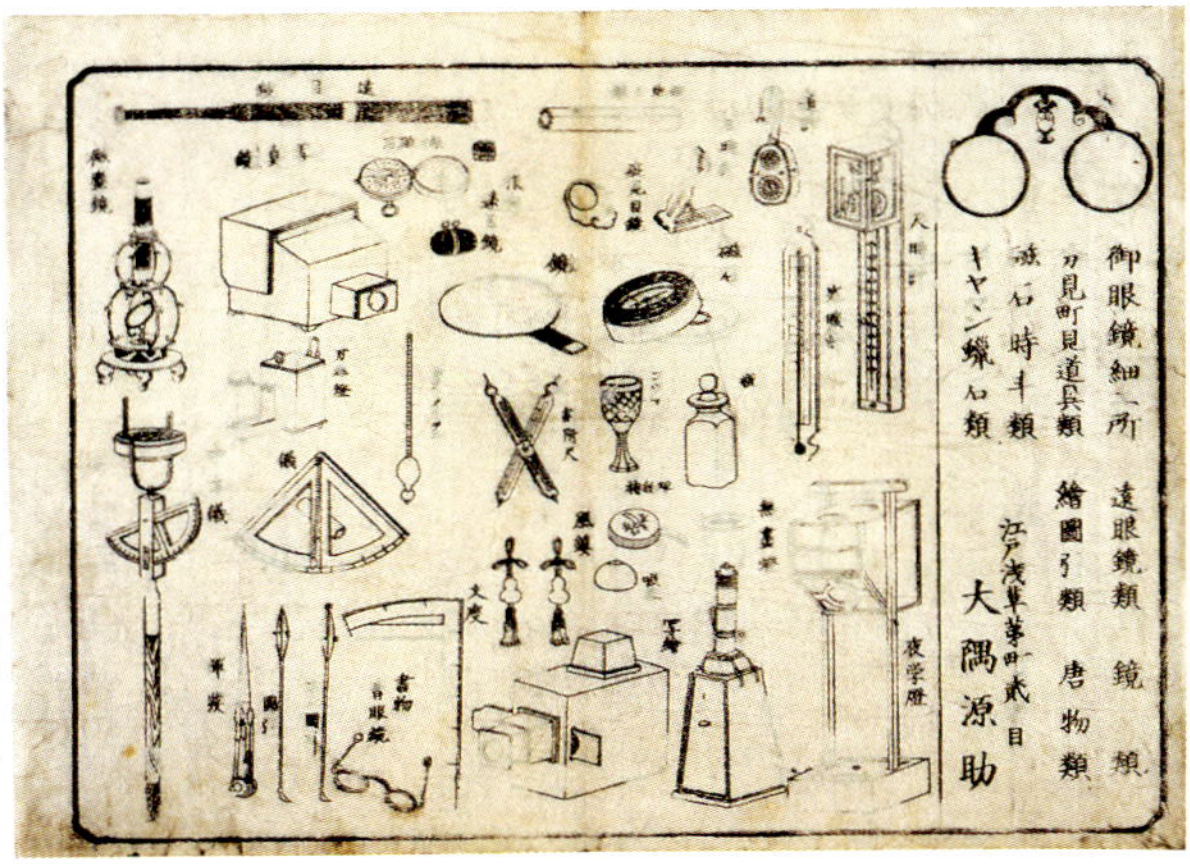

Image：東京都歴史文化財団イメージアーカイブ

引札

浅草で眼鏡屋を営んでいた「大隅源助店」の引札。取り扱い商品が精緻に描かれている。レンズやガラスつながりで、望遠鏡や温度計、カメラなどさまざまな計器や道具類が並んでいるのが面白い。当時の人々にはさぞ物珍しく見えたことだろう。

江戸東京博物館蔵

Image：東京都歴史文化財団イメージアーカイブ

掛け人たちが活躍していたのだ。

さて、上の絵にご注目。店の看板に「江戸の水」と見える。実はこれ、『浮世風呂』などで知られる戯作者、式亭三馬の店。印税制度もない当時は、書くことだけでは生活が難しく、副業を営むクリエイターも多かった。山東京伝しかり、滝沢馬琴しかり。才気あふれる彼らは、自らがディレクターとなって商品を宣伝。引札の制作はもちろん、自作の物語の中にまでさり気なく商品を登場させるのだから、ちゃっかりしている。

薬屋を営んでいた三馬も、看板商品だった化粧水「江戸の水」を自らアピール。引札、著作への登場、著作本の巻末での広告掲載と、あれこれ工夫を凝らして効果を上げた。

ひときわ華やかなメディアだったのが、現代のポスターに当たる錦絵。木版多色摺りの浮世絵全般を指すが、広告媒体としての役目を果たしたものも多々あった。名所の風景画の背景に店の看板を入れたり、役者絵の役者が商品を手にしていたり、といった具合。
江戸の名所を一連の錦絵に仕立てた『江戸名所百人美女』では、人形町の化粧品店で扱うおしろいを手にした美人がしっとりと描かれている。「江戸の水」といい、化粧品広告に大がかりなキャンペーンが展開されるのは、いつの世も同じようだ。

錦絵

歌川国輝の描いた『東都本町弐丁目ノ景』には、式亭三馬の店がくっきり描かれている。ひときわ目立つのが「江戸の水」の看板。パクリ商品も出るほどの人気だったという。看板の上のマークはいわばCI。自作の挿絵にもたびたび登場させている。

江戸東京博物館蔵

Image：東京都歴史文化財団イメージアーカイブ

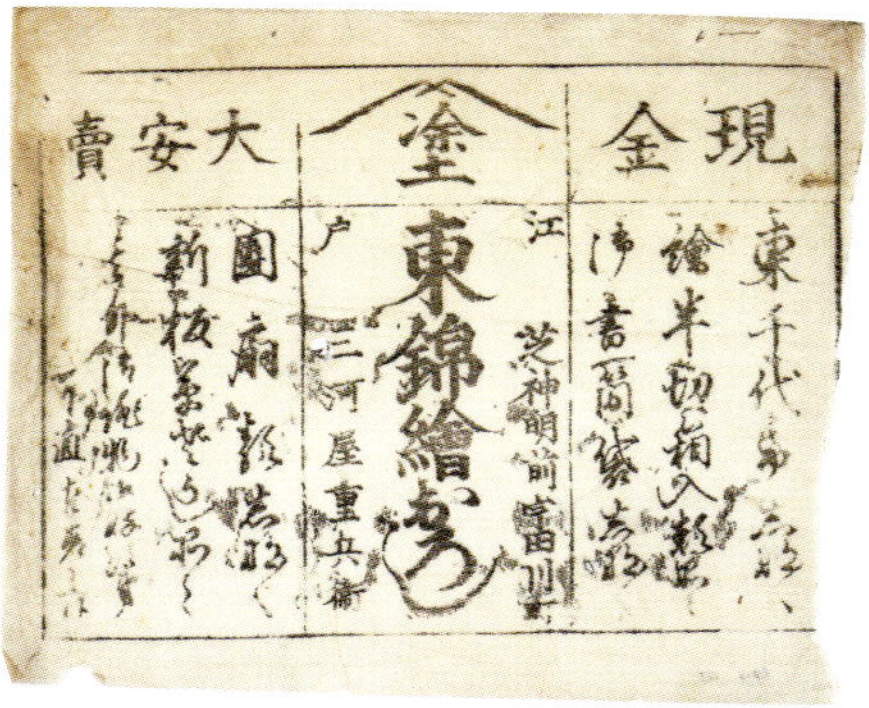

引札

現在の新橋付近に店を構えていた絵双紙問屋「三河屋重兵衛」の引札。錦絵のほか、千代紙や団扇など取り扱い商品が紹介されている。シンプルななか印象的なのは「現金大安賣」の宣伝文句。「塗」の字に山の絵がCIか。

江戸東京博物館蔵

Image：東京都歴史文化財団イメージアーカイブ

版本

式亭三馬の滑稽本『浮世床』の中の挿絵。表通りから路地を入った奥に広がる、庶民たちの暮らす裏長屋の様子が描かれている。ここも看板や引札など、広告が満載。

江戸東京博物館蔵

錦絵

三代歌川豊国らが描いた一連の錦絵『江戸名所百人美女』。美人画と名所絵を組み合わせるという趣向が受けた。人形町の場面に登場するのは、歌舞伎役者の二代目瀬川菊之丞が開いた化粧品店。美人が手にしているのは、商品のおしろいだ。

（財）吉田秀雄記念事業財団　アド・ミュージアム東京蔵

錦絵

しばしば海を越えてやって来た象は、江戸時代に見せ物として大人気だった。この広告のコピーを手がけたのは、幕末から明治にかけて活躍した戯作者の仮名垣魯文。ちなみに魯文は、コピーライターを専門職として確立した、日本初の人物だった。

（財）吉田秀雄記念事業財団 アド・ミュージアム東京蔵

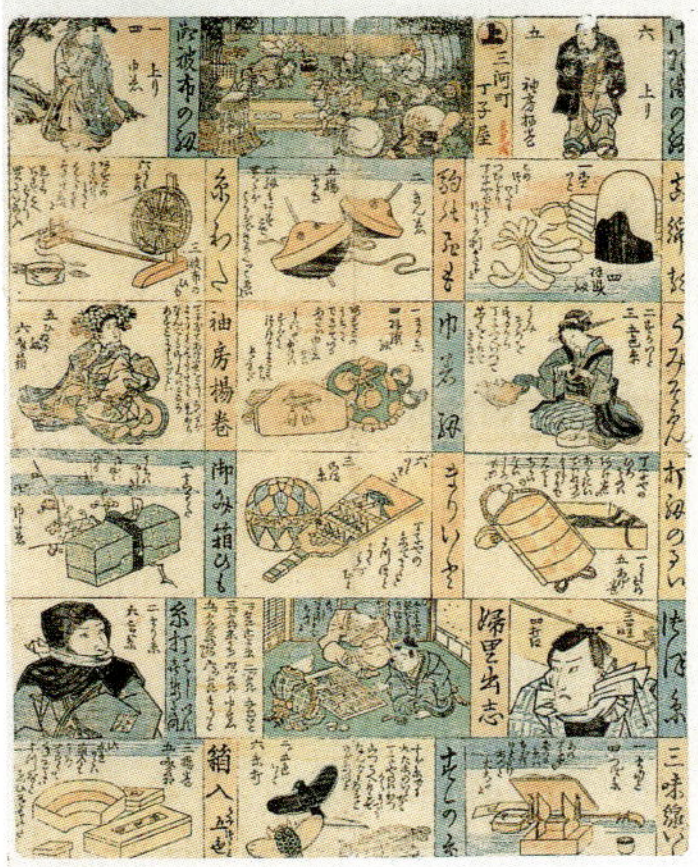

錦絵双六

双六三河町の紐糸屋「丁子屋」が販促用に作った双六。各コマには、取り扱っている商品の絵や説明コピーがわかりやすく描かれている。まり用の糸、三味線糸、コマの紐など、実にバリエーション豊かなのは専門店の栄えた江戸時代ならでは。

（財）吉田秀雄記念事業財団 アド・ミュージアム東京蔵

面白いところでは、絵双六なんていうものもある。ひとつひとつのコマに商品やコピーが描かれ、遊びながら商品情報が頭に入るという仕組みだ。普通の双六は売り物だが、広告の双六は新年などに配るノベルティ。とはいえ、ストーリー性をもたせたり、洒落を織り込んだりと、宣伝のための工夫がたっぷり施されている。

商品を紹介するだけでなく、いかに興味をもってもらえるか四苦八苦している作り手の様子が、ありありと垣間見える江戸の広告。当時の人々の暮らしもリアルに伝わってくるから、見ているだけで楽しくなる。江戸がぐっと身近に感じられる媒体だ。

（高瀬由紀子）

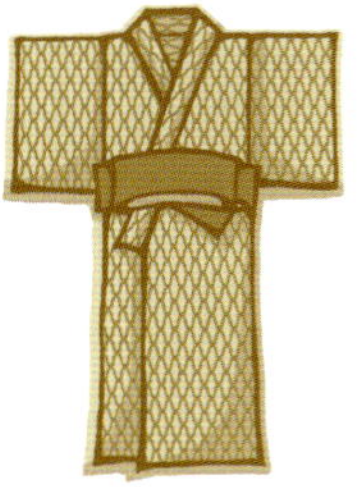

夏

ひとつ風呂浴びた後は、縁側でのんびり夕涼み。

五月雨の野に花菖蒲がすっくと背筋を伸ばす頃、人口密度の高い江戸の町なかは、蒸し蒸しとした空気に包み込まれる。そんなときには、ひとっ風呂浴びてさっぱりするのがいちばんの気分転換だ。庭に桶やたらいを持ち出し、男女問わず行水をする姿も見られた。

風が吹きゃ桶屋がもうかる、ではないが、職人技の光る木桶は、江戸暮らしの必需品。湯屋や家庭の台所で活躍するのはもちろん、スイカ売りに冷水売りなど、涼を売る行商人が天秤に桶を担いで往来する姿も風情がある。

風呂上がりの火照った身体にさらりと羽織りたいのが浴衣だ。白地に藍染めの江戸浴衣は、目にも涼しげ。團十郎の三枡や菊五郎格子など、歌舞伎役者の文様を染め抜いた柄が大流行した。

風呂も済んだし陽は傾いてきた……となれば、縁側や縁台に腰掛けて夕涼み。すぐさま近所の顔馴染みや長屋の店子が集まり始め、噂話に興じたり、将棋を指したり。団扇をぱたぱた、風鈴ちりりん。ふんどし姿の商いが粋な声を張り上げて、蚊帳や金魚を売り歩いていく。

ドドン、ドドン。大川に上がる幾筋もの花火。梅雨明けの頃に行われる両国の川開きは、誰もが待ちに待った一大イベントだ。屋根船や屋形船が水面を埋め、橋は花火見物の人々でごった返す。お祭りムードも最高潮に達し、江戸は夏の盛りを迎える。

（山田香央理）

庶民の生活を彩る、江戸グラフィック

江戸design

着物

男たちの装いに表現された、意地と美意識。

江戸時代に誕生した「粋《いき》」という美意識は、上方に対する江戸特有の価値観として、武家風とは一線を画する町人文化に花開いた。舞台の中心は吉原などの色町。当時のトレンドをいまに伝える黄表紙や洒落本などを見ると、「通」と呼ばれた男女の粋な装いが描写されている。

安永4年（1775年）に発刊された黄表紙『金々先生栄花夢』にも、金々先生が夢の中で吉原へ行く場面がある。そのいでたちは、「八丈八端の羽織に縞柄縮緬の小袖、ご贔屓の歌舞伎役者にちなんだ模様の下着」。挿絵には、縞の着物を色男風に着流しで歩く先生の姿が描かれている。

縞柄は当時の粋のスタイルを代表するものだ。色はグレーや茶系、藍など渋めが通好み。それとは対照的に、着物の下に着る襦袢や下着は、派手な文様や鮮やかな色調のものを着る。いわゆる「裏まさり」という美意識は、江戸時代すでに誕生していた。

粋とは「垢抜けして、張りのある、色っぽさ」。昭和初期にそんな名言を残した哲学者の九鬼周造は、著書『「いき」の構造』で、縞柄と鼠・茶・青系の3色を粋な装いとし、縞柄のなかでもすっきりとシャープな縦縞と一部の格子縞を粋だと言った。

唐桟（とうざん）縞の裂（きれ）を縫い
合わせた江戸後期の「唐桟羽織」。

東京国立博物館蔵

Image: TNM Image Archives
Source: http://TNMArchives.jp/

実際、江戸中期～後期にかけて流行した縞は縦縞が主流。綿織物の普及にともない、「間道《かんとう》」と呼ばれ珍重されてきた舶来の名物裂《ぎれ》を真似た縞柄が出回ったのだが、当時のファッション・リーダーである歌舞伎役者や遊女が好んで身につけたのは縦縞だった。

一方、商人の中に富裕層が生まれ、町人文化が台頭してきたことに危機感を募らせていた江戸幕府は、華美を慎み質素な生活を促す「奢《しゃ》侈《し》禁止令」をたびたび発布。鼠、茶、藍などの地味な色を奨励した。

しかし、上からの抑圧に屈する江戸人ではない。禁止令を逆手にとるかのように、限られた色の中に多様性を見出し、江戸後期には「四十八茶百鼠」といわれるほど多くの色名が誕生。微妙な色のニュアンスを見分ける審美眼の持ち主を通と崇めた。粋の美学には、そんな江戸町人の意地とプライドが隠されている。

元来、武士の裃に用いられた微細な小紋柄（現在の江戸小紋）を庶民が着るようになったのも同じ頃といわれる。微細な小紋は、実は手の込んだものであったが、遠目には無地に見えるため奢侈禁止令をかいくぐることができた。

粋な男たちは地味な色合いを尊んだが、襦袢など見えない部分には大胆な趣向を凝らした。歌舞伎十八番の『助六』のように、女物とおぼしき真っ赤な長襦袢や、馴染みの遊女と揃いの襦袢を着込み花街に出かけることが、一種の通の証だった。

見えない部分のお洒落は、今日の着物にも通じている。着る人の美意識が最も表れる襦袢や羽裏は、粋と野暮の分かれ目。男の着物の醍醐味は、裏まさりにありとさえいわれる。

一見シンプルな縞や渋い色にカッコよさを見出した「粋」の美学。まさに心意気と呼ぶにふさわしい江戸の美意識ではないか。(uga)

Image : TNM Image Archives
Source : http://TNMArchives.jp/

文化・文政期に人気を博した歌舞伎役者に由来する縞柄の「紺木綿地璃寛縞小袖」。

東京国立博物館蔵

Image:TNM Image Archives Source:http://TNMArchives.jp/

縞

洒落者を気取る、男たちの飽くなき情熱。

江戸の人々が「粋」と捉えた縞とは、単なる模様というよりも、その素材や織物を含めたデザインと言うべきだろう。縞が流行り始めた宝暦年間（1751～64年）以降、人々に珍重された縞は数多くあったが、代表的なものに「八丈」と「唐桟《とうざん》」がある。

八丈島で織られる八丈は、伝統的に縞柄が多い絹織物で、刈安で黄色に染めた黄八丈が最も有名。幕府への献納品だった高級品だが、大名から医者、町の有力者などへと渡り、次第に庶民の注目を集めるようになった。

唐桟は、もともとインドで織られた縞木綿で、南蛮貿易の舶来品として日本に入った。織り上がった後で砧打ちすると絹のような光沢が出るため、天保の改革以降、絹物が禁じられ

歌舞伎の衣装でも、縞はトレンドを表現。

縞が流行した江戸中期以降に描かれた春章作の役者絵は、全員が縞の紋付を着流しており、当時のトレンドを垣間見ることができる。町人たちもその着こなしを真似た。元禄年間、大坂を荒らしまわった雁金文七を筆頭とする5人組は、後年、歌舞伎の題材になった。『五人男（格子外男達）』勝川春章画

東京国立博物館蔵

た町人の間でもてはやされたという。

八丈や唐桟が庶民の手に届くまでの過程を想像すると、そこに浮かび上がってくるのは、着ることに対する人々の情熱だ。経済力をつけた裕福な町人たちは、装いを通してお上への謀反を繰り返したともいえる。

江戸の男たちが洒落者を気取るための努力は、現在の比でなかったろうと話すのは、衣裳らくやの石田節子さん。「遊びに行くときは、ひと風呂浴びてちゃんと着替えていたというし、もてるための努力は惜しまなかった。そういう心意気こそ、粋ですよね」

石田さんは歌舞伎の観劇を勧める。「着物の着方や所作がわかります。男の着物は腰でピッタリ着ないと。着こなしの、粋と野暮の分かれ目です」

現代の男たちも、江戸の男たちから多くを学べそうだ。

(uga)

日本各地に伝わる味わい深い縞織物。江戸の「粋」の美学をいまに伝える多彩な縞は、銀座の「衣裳らくや」で数多く扱っており、下の写真の縞織物も購入できる（写真の一部は石田さんの私物）。衣裳らくや ☎03・3524・3277

草木染ならではの渋い色調の縞柄が粋な白鷹紬。

タブの木の皮で染める鳶八丈はいかにも通好み。

男女を問わず渋く着こなせそうな縞柄の結城紬。

紅花染の鮮やかな黄色が美しい上田紬の新田間道。

絹のようなツヤをもつ唐桟木綿のシックな縞柄。

弁慶格子の大胆な帯は歌舞伎の観劇にぴったり。

紺地に絣風のゴマ入り縞の
木綿は普段着の単衣に。

白地に藍染の格子縞が涼や
かな小千谷産の綿麻縮。

着込むほど味わいが出る黒
地に格子縞の大島紬。

浜松で織られているざざん
ざ織の白黒市松模様。

濃紺地に青の滝縞模様が珍
しいざざんざ織の1枚。

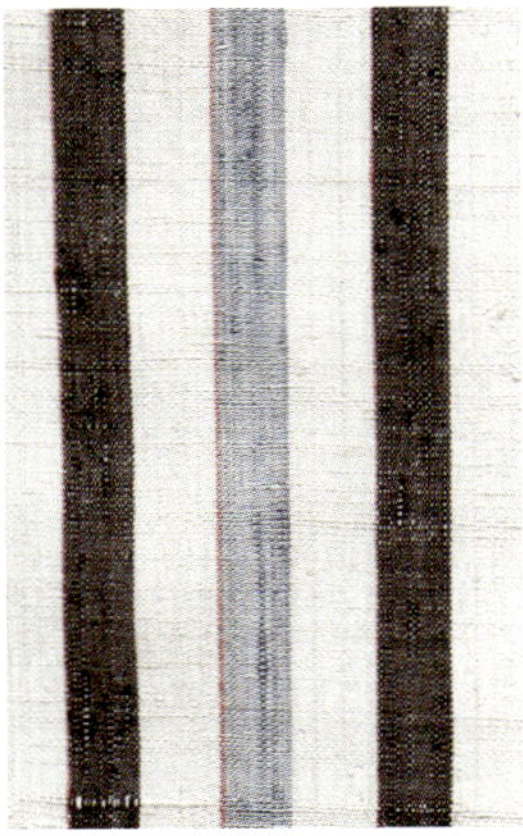

白地に藍の濃淡で棒縞をあ
しらった軽快な結城紬。

色

無限の広がりをみせた、庶民の人気3色。

「四十八茶百鼠」といわれるほど、無数のバリエーションがあった江戸期の茶と鼠。微妙なニュアンスを表現すべく、実にさまざまな色の名が生まれた。

なかでも代表的なのは、当時の人気役者にちなんだ茶色。五代目市川團十郎が『暫』の衣装で用いて人気が出た「團十郎茶」をはじめ、二代目瀬川菊之丞の色として江戸中の女性が身につけた「路考茶」、三代目中村歌右衛門の人気で誕生し、現在も成駒屋の色である「芝翫茶」など、数えればきりがない。

ほかにも、洒落本で「当世風」といわれた媚茶、江戸茶、丁子茶。深川芸者に好まれたという深川鼠、利休好みと茶人が珍重した利休鼠などがある。

だが、そうした色名がどんな色を指したかは、諸説あるが実のところはっきりしない。代々継承されてきた役者の色は別として、庶民の衣服が残っていないからだ。

これだけ多様な色名が江戸期に誕生した理由を、江戸小紋の人間国宝・小宮康孝さんは、「意図せずして、いろんな色が生まれてしまったのではないか」と推測する。植物染料が使われていた当時、同じ色の再現はいまよりはるかに困難だった。「鼠・茶・藍が庶民の流行色になったのも、比較的色褪せに強く、庶民の実用にかなっていたのがこの3色だったからなのでは」

鮮やかで褪せない「生きた色」のため、職人として70年の人生を捧げてきた小宮さんは続

江戸小紋三役

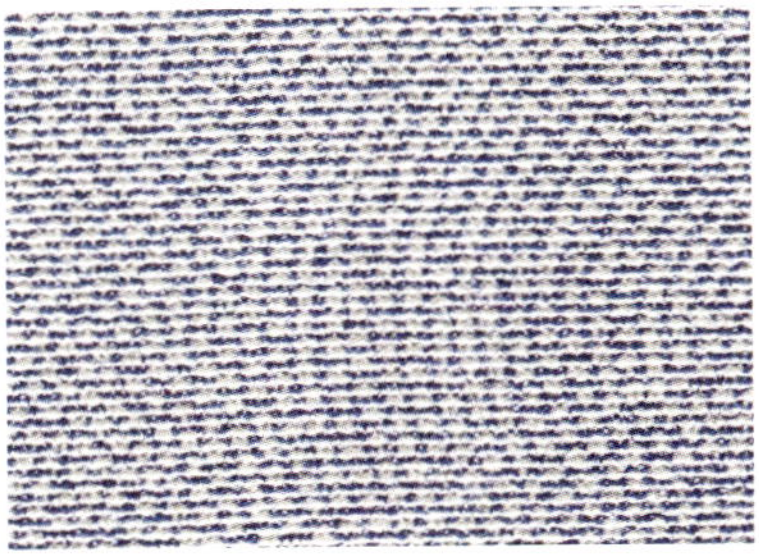

銀鼠《ぎんねず》 鮫《さめ》

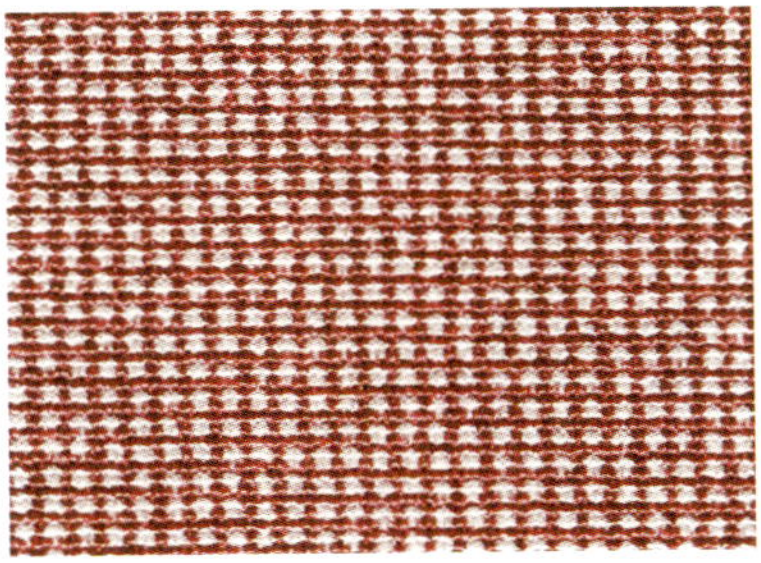

相傳唐茶《そうでんからちゃ》 通し《とおし》

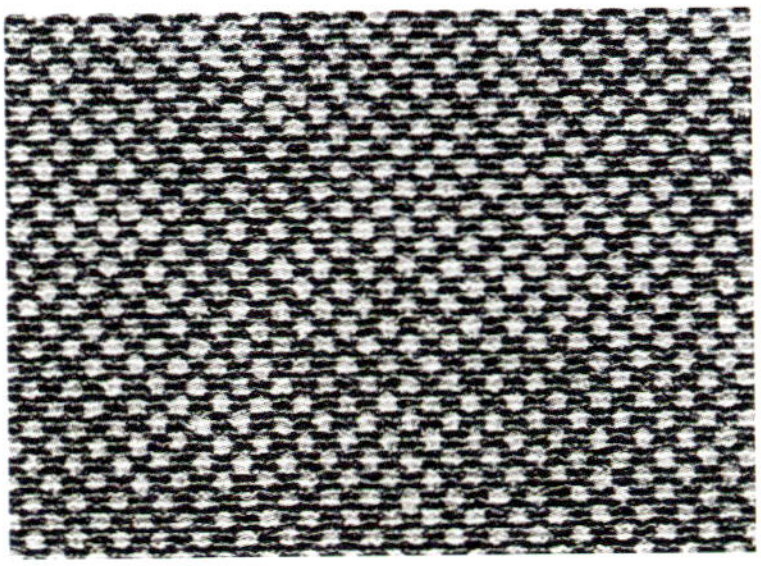

藍鼠《あいねず》 行儀《ぎょうぎ》

武士の裃の小紋柄の中でも、格の高い「鮫」「通し」「行儀」は「江戸小紋三役」と呼ばれる。各大名家はそれぞれ決まった「定め紋」をもち、ほかには使わせないのが習わしだったが、江戸後期、庶民の日常着になったことで柄のバリエーションが増えた。71〜73ページの写真の江戸小紋は、小宮さんが50歳のときに染めた135種の江戸小紋の一部。

ける。「改良と変革があってこそ、伝統工芸は生き残れる」

伝統の上にあぐらをかいていない名人の心は、まさしく当時の「粋」を追求する姿勢なのである。

(uga)

藍

紅掛花色 米寿格子
べにかけはないろ
べいじゅごうし

熨斗目色 三味線
のしめいろ
しゃみせん

紺 地落ち雪輪
こきはなだ
じおちゆきわ

茶

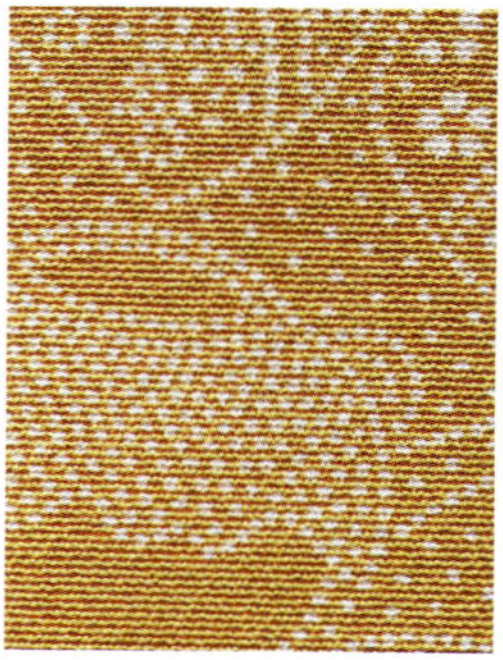

金茶 茶道具
きんちゃ
ちゃどうぐ

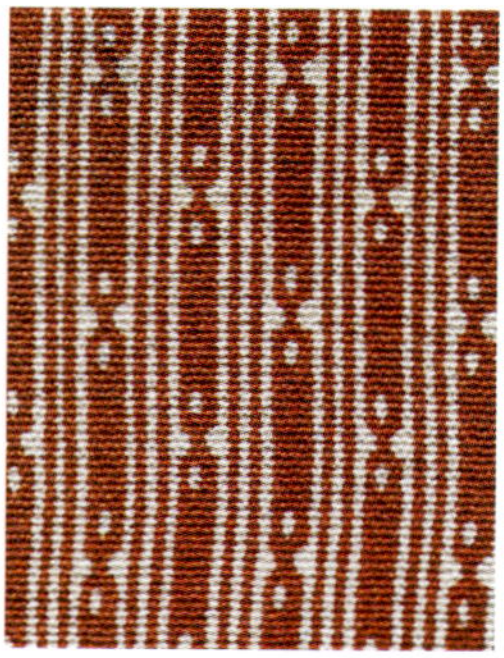

團十郎茶 鎖縞
だんじゅうろうちゃ
くさりじま

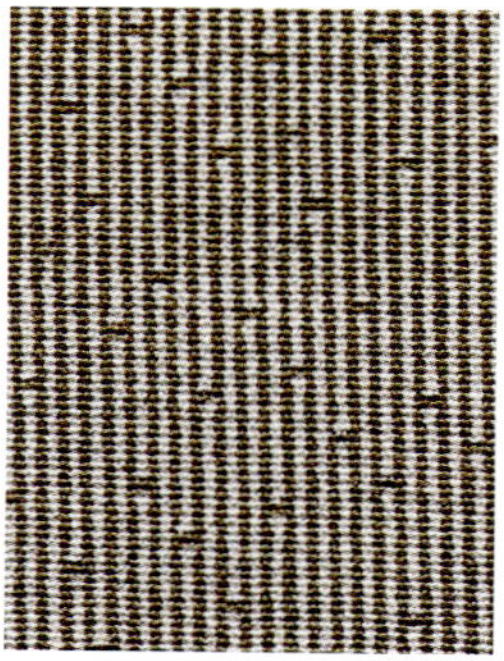

煤竹茶 二ツ割竹縞
すすたけちゃ
ふたつわりたけしま

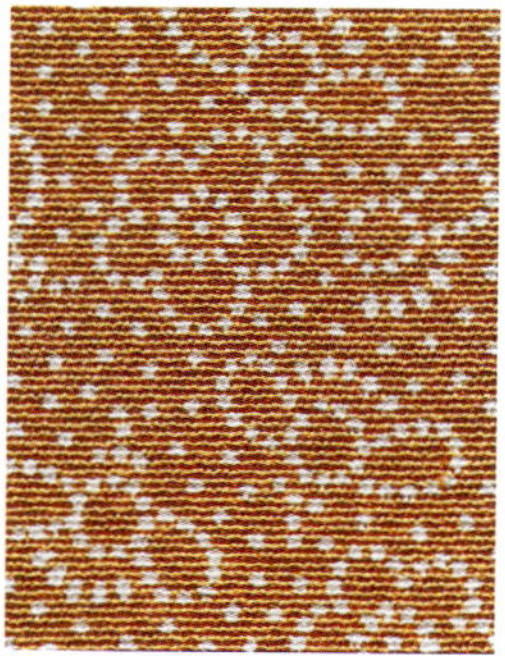

当世茶 錐彫梅
とうせいちゃ
きりぼりうめ

路考茶 宝亀
ろこうちゃ
ほうき

芝翫茶 住吉踊り
しかんちゃ
すみよしおどり

利休鼠 桜鯛
りきゅうねずみ
さくらだい

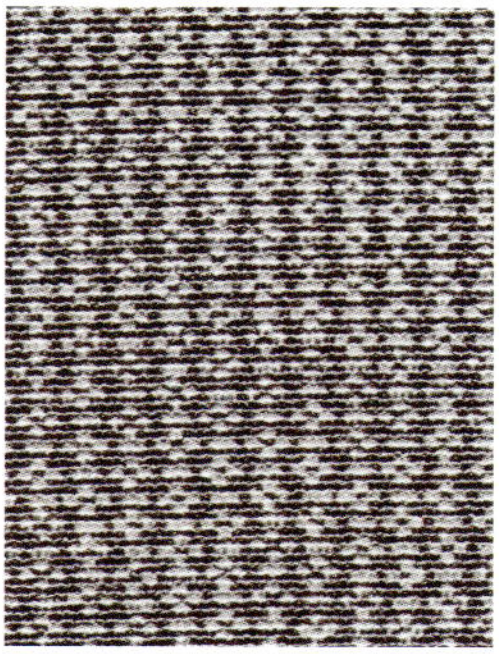

素鼠 宇治川
すねずみ
うじがわ

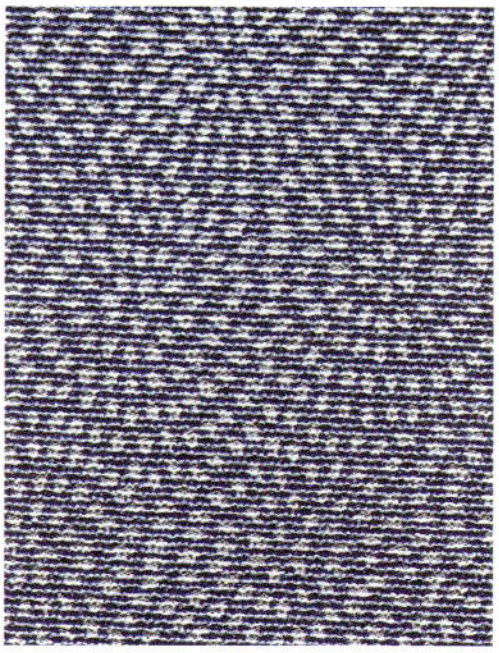

瑠璃色 狢菊
るりいろ
むじなぎく

葡萄鼠 七福神
ぶどうねずみ
しちふくじん

藤鼠 業平菱
ふじねずみ
なりひらびし

浅黄 紅葉
あさぎ
もみじ

納戸鼠 海鼠霰
なんどねずみ
なまこあられ

鳩羽鼠 唐松
はとばねずみ
からまつ

花色 雲取り切り継
はないろ
くもとりきりつぎ

■裏まさり

見えない部分にこそ、自己主張するのが達人。

江戸の通人は、表は地味な色で控えめにしていても、内に秘めた恋情や艶っぽさを、襦袢や羽裏で表現したという。見えない部分にこだわるお洒落は、現代にも通じる「裏まさり」の美学。最も自由になれる世界だ。

たとえば、吉原に顔のきく通人は、贔屓の遊女の仕着せとペアルックのような下着をつけていた。吉原では正月、遊女たちに揃いの仕着せ小袖が用意されたが、馴染み客にも同じ柄をあしらった下着を贈るのが慣例だった。

細部にこだわりながらも、それを開けっぴろげにせず「わかる人だけにわかればいい」という、どこか醒めた態度は通人の条件。裏まさりはそうした精神を象徴するお洒落ともいえる。

銀座もとじの泉二弘明さんも、男の着物の醍醐味は「見えない部分」にあると話す。最近は、高級ブランドのスカーフを、羽裏にしてほしいという男性客もいるという。「長襦袢や羽裏に凝ってこそ『粋』。表よりもずっと楽しめる」

泉二さん自身、日頃はお客さんの引き立て役に徹するという立場上、華美なお洒落はできない。しかしその分、見えないお洒落には格別のこだわりがある。プライベートでは、普段とは違う遊び心を発揮する。これまで何度か手描きの羽裏を注文したという泉二さん。なかには艶かしい春画のような絵柄もある。「花街みたいなところでは、そういうもので座が盛り上がるんです。でも、さり気なくやらなきゃいけませんね」。そんな紙一重の部分こそ、通人の心意気が発揮できる場だ。

(uga)

泉二さん愛用の雁木縞の長襦袢。「銀座もとじ」は、襦袢のコーディネートの相談も可能。

南蛮船を型染めした袖なし羽織。影絵風の絵柄が印象的。「羽裏は大胆でも下品になってはいけない」と泉二さん。（泉二さんの私物）

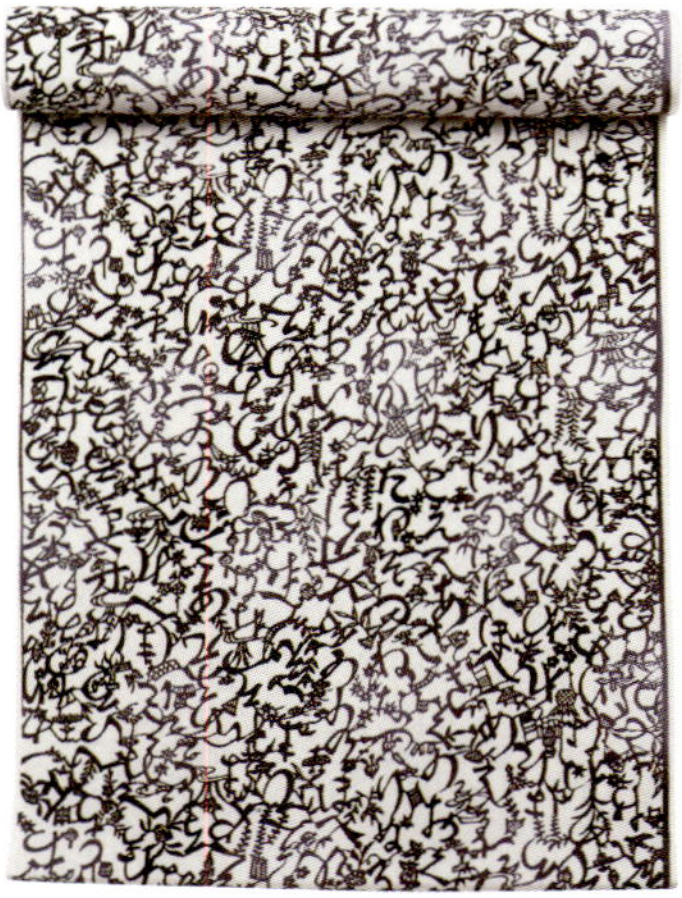

「いろは」芹沢銈介の切り絵を思わせる、いろは文様を江戸紫の濃淡で型染め。袖口でちらりと見せても映えそうな一品。

「荒磯（ありそ）」室町時代に明との貿易で渡来した名物裂の伝統的な柄。鮮やかな色合いの波間に、鯉が泳ぐ吉祥文様。

「羽子板役者絵」助六、吉原雀、勧進帳などを演じる、歌舞伎役者を描いた羽子板文様。新年などおめでたいときの洒落た装いに。

「鎧縅文（よろいおどしもん）」鎧の札（さね）を組紐や革で綴った縅（おどし）を模した、品格と落ち着きのある文様。

江戸design

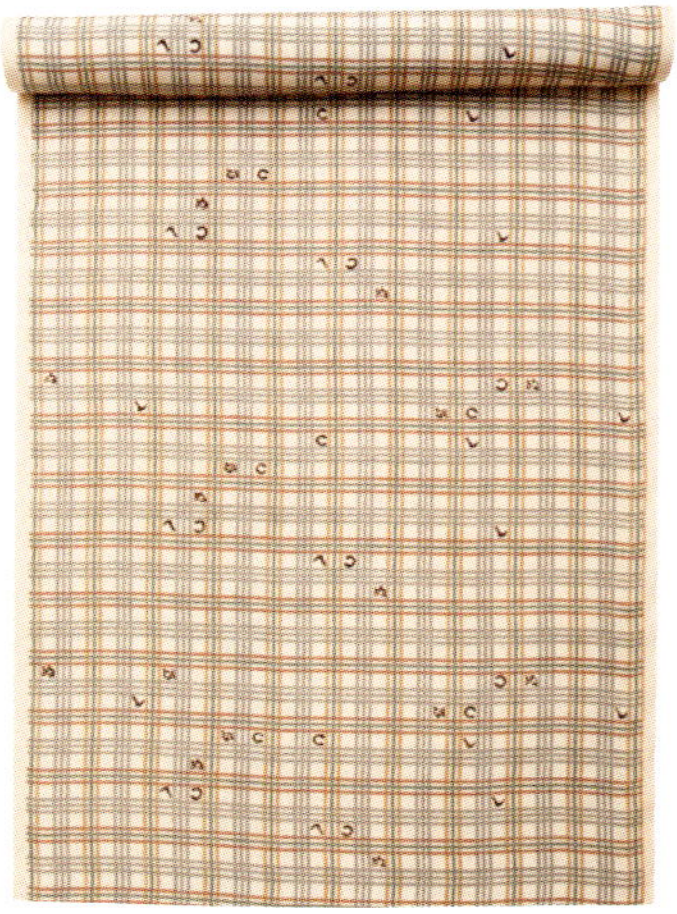

「かまわぬ」鎌と輪の絵に「ぬ」の文字の組み合わせ。七代目市川團十郎が用い、「舞台で何を演じてもかまわない」という気概を表した。

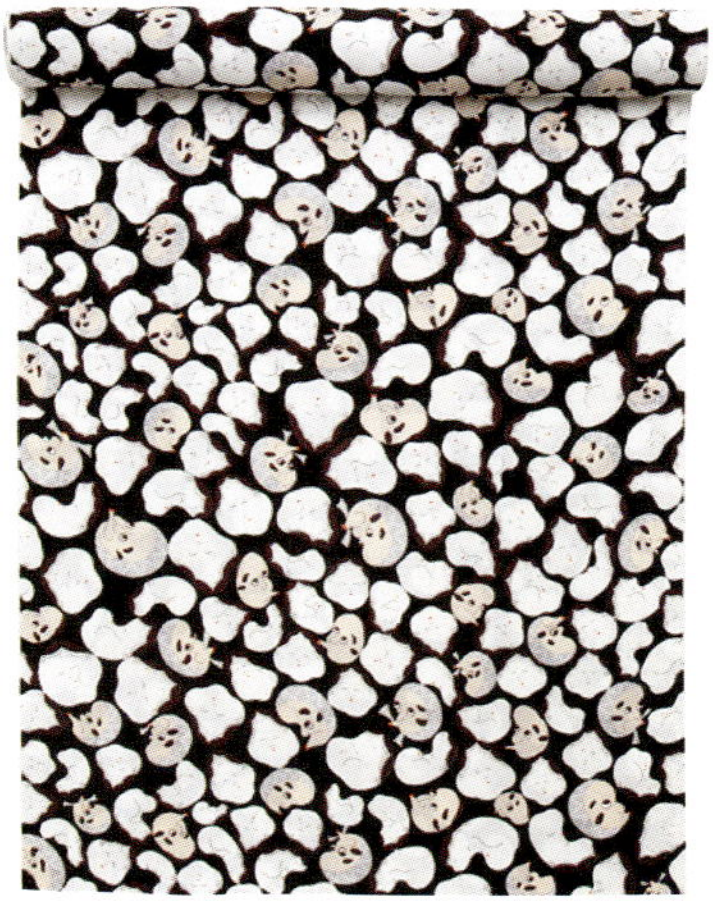

「おかめひょっとこ」福を招く縁起物として親しまれているおかめとひょっとこ。ユーモラスな表情で、遊び心のある柄。

「鳥獣戯画」日本最古の漫画といわれる絵巻物は、染め物の柄としても長く愛されている。動物たちの表情が愛らしく、生き生きとしている。

「千社札」型染めと手ぼかしの2種類の染色法が使われており、深みのある色目が美しい。一つ一つの絵柄に味わいが感じられる。

 写真の商品はすべて、銀座もとじ 男のきもの ☎03・5524・7472

■書

風景に隠され、逆さに落ちる文字の楽しさ。

『芦手住吉浜図』《あしですみよしはまず》

住吉弘定（すみよしひろさだ）筆

66.0×243.2㎝　出光美術館蔵

『源氏物語・澪標図屏風』の裏に施された住吉浜の図。松の木に書かれた文字は「久しく」「なりぬ」「すみよしの」と書いて、和歌「我みても久しく成りぬ住吉の岸の姫まついくよ経ぬらむ」（平城帝）の意を潜ませている。

平安時代後期、文字と絵を組み合わせた装飾的絵模様が流行した。それは「芦手」と呼ばれ、筆文字をグラフィックとして捉えた最初の手法であった。しかし、まだこの時代はあくまでも絵が主体であり、その中に文字が組み込まれるというスタイルだった。

「文字を何かに見立てるという行為は、書家というよりも絵師の得意とするところであり、それらの作品は常に絵画とともに存在していました」と、出光美術館学芸員の笠嶋忠幸さんは語る。

いわゆる文字が主体の〝文字絵〟が登場してくるのは鎌倉時代の後期からで、戦国時代に活躍した水墨画家・雪村周継は、書の造形を生か

して文字絵風に仕上げた名作を数多く残している。

「雪村の時代になると、デザインとして楽しむ書は、明らかに作品として作為を持って書かれるようになっています。そのように書き手の制作趣向が鑑賞者にも理解されてきて初めて、書作品としての客観的な美的認識が生じるようになったのです。それまでは、書というものは冊子や巻物に書かれ、書いた後はずっと飾って

Sho

江戸時代、幕府の公用文書や寺子屋のお手本として使われていたのは鎌倉末期に始まり、後に御家流と呼ばれた書風だった。しかし、茶人や歌人など文化人の中からは、それまでの流派の枠を脱した芸術性の高い書が次々に生まれるようになった。近衛信尹、本阿弥光悦、松花堂昭乗の3人は寛永の三筆と称され、彼らの活躍によって書はその造形美を大きく開花させた都の文化を彩った。良寛や池大雅などの個性的な書は、広く民衆に愛された。

『中大字・動中工夫』
ちゅうだいじ・どうちゅうくふう

白隠慧鶴（はくいんえかく）筆
134.5×29.5㎝　永青文庫蔵

白隠は日本における臨済宗中興の祖として名高い。これは中国・南宋時代、臨済宗の高僧・大慧宗杲の語を書いたもの。相合傘のような構成が面白い。「忙ただしき平常の生活の中でなされる工夫は、静寂の中で行う工夫よりも百千倍勝るもの」

おくものを作品として認めていました。それが、桃山時代頃からは、書かれた書をその場に設えて鑑賞するというスタイルが徐々に定着していき、書も絵と同じように鑑賞されるようになったのです」

江戸時代中期以降には文字絵は庶民層にまで浸透し、広く親しまれるようになった。達磨の絵を多く描いたことでも知られる禅僧の画家・白隠慧鶴は、禅語をはじめグラフィカルな書の傑作もたくさん書いている。

「白隠の作品は『動中工夫』のように、言葉の意味と表現とのギャップが面白く型破りなのも多い。書として上手いかといわれると疑問が残りますが、なんともいえない味わいがある。こういう書を見せて、民衆の心をなごませながら仏の教えを説いた彼の人柄を感じる気がします」

幕末の画家・住吉弘定の『芦手住吉浜図』は屏風の裏に書かれたもの。本来、屏風の裏には唐紙が貼られるものだが、これはそれを意識しながら海の波には文様をあしらい、文字は芦手の手法で金泥を使って書かれている。遊び心が

『雪月花文字画』
せつげっかもじが

雪村周継（せっそんしゅうけい）筆〈狩野養信（かのうおさのぶ）模本〉
86.1×32.4cm　東京国立博物館蔵

雪は天から降るものとして逆さまに、月は渇筆で裏文字。水面に映った鏡像の景に見立てられている。花は梅の花に仮託し、白梅を描いた。機智に富んだ遊技性たっぷりの絵心。雪村の原本は残っていないが、狩野養信の模本によって伝わっている。

満載の作品だ。
　町人出身で、広く庶民に親しまれた書家もいた。江戸時代中期に活躍した三井親和である。彼の篆書《てんしょ》は東都随一といわれ、神社の祭礼の幟字を多く手がけたり、さらには篆書が手ぬぐいや浴衣などの染物にも使われ、〝親和染め〟と呼ばれて流行したほどであった。それは、書がデザインのモチーフとしても広く親しまれた一例といっていい。三井はさまざまな書体を実験的に展開させた『三井親和筆屏風』も書いている。当時はこれほど多様な書を書ける庶民はいなかったので、さぞかし注目を集めたことだろう。

（牧野容子）

江戸design

『三井親和筆屏風』
みつついしんわふでびょうぶ

三井親和（みついしんわ）筆
安永8年（1779年）
江戸東京博物館蔵

一双の屏風にさまざまな書体を展開。本来はこのすべてを広げて見るのではなく、2枚（一双）ずつ季節ごとに変え、部屋の角などに立てて鑑賞するついたてのようなものだったとされる。三井親和の幟字は、挿絵や浮世絵にもたびたび描かれた。

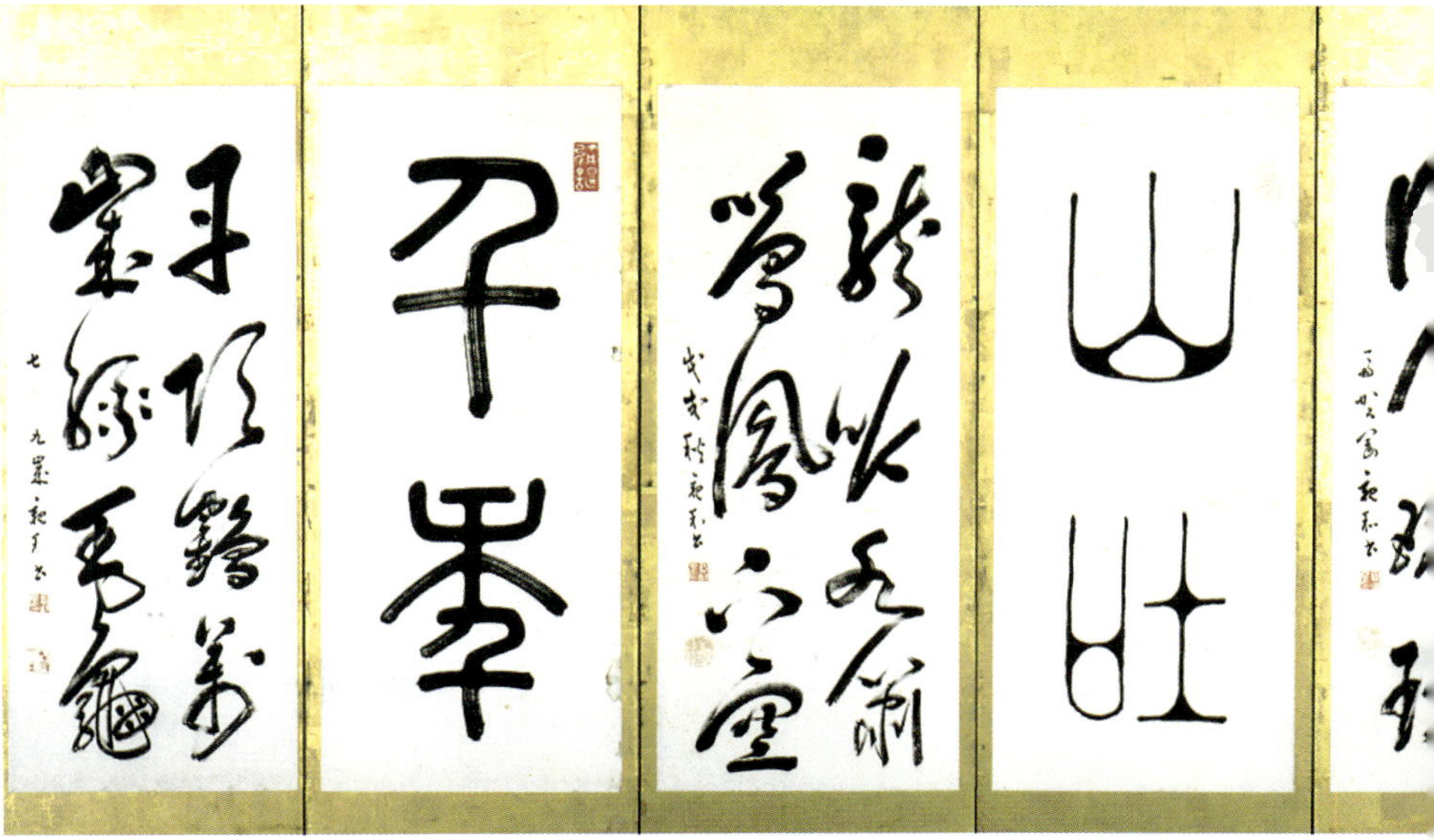

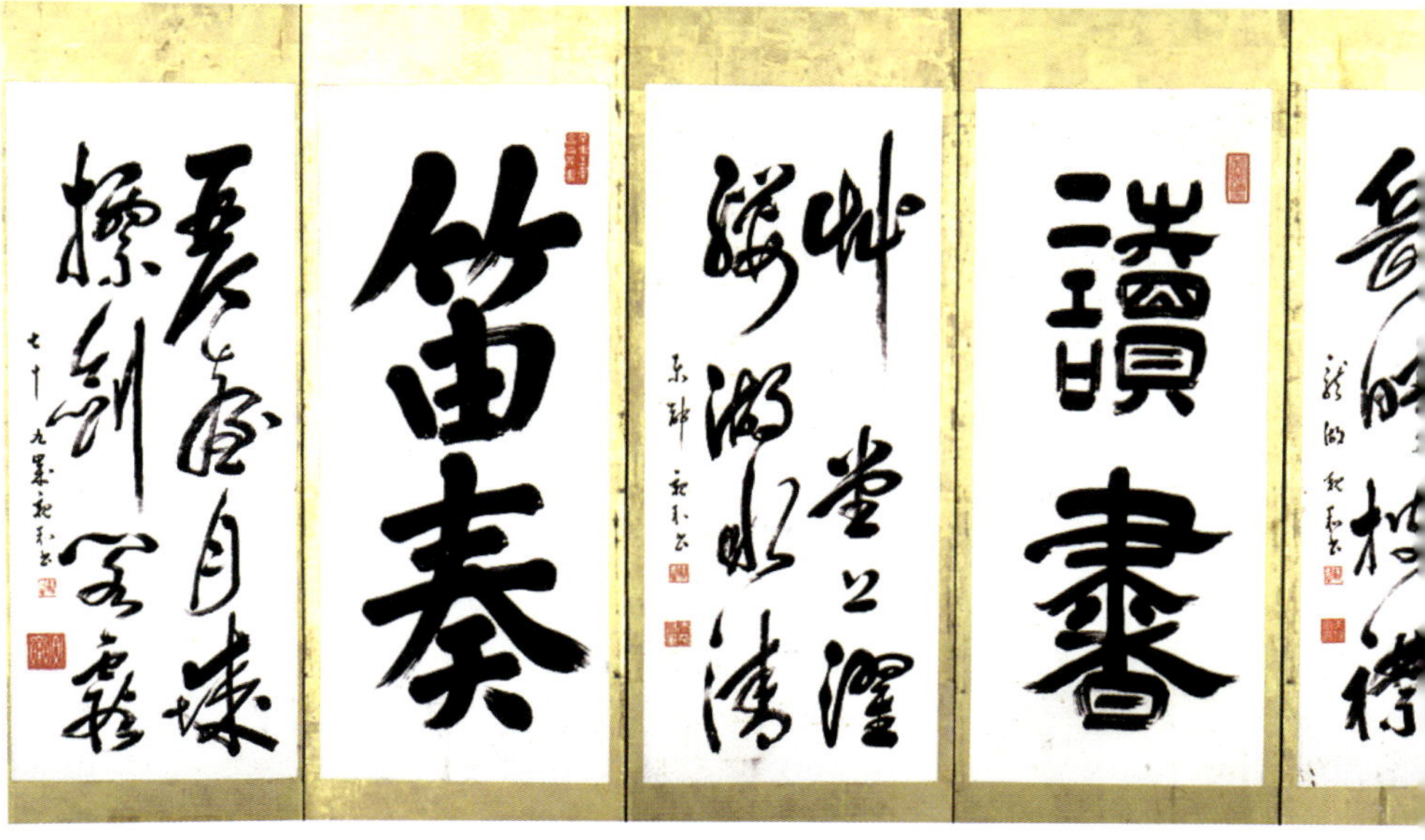

Image：東京都歴史文化財団イメージアーカイブ

千社札

巡礼の印から、オリジナリティを競う名刺へ。

神社仏閣を訪れると、柱や梁に独特な書体で書かれた札がたくさん貼られているのを目にする。「千社札」は江戸時代に誕生した文化だ。きっかけは、18世紀末に江戸で流行した「稲荷千社参り」とされている。千社札の原型は「貼り札」もしくは「題名札」と呼ばれるもので、姓名や屋号を書き、神仏の崇拝・巡礼の印として貼られた墨摺の紙札だった。やがて、浮世絵版画の技術の発達とともに色やデザインにこだわった札が作られるようになり、さらには愛好家同士で名刺代わりに交換しながら、札のオリジナリティや粋を競い合う「交換札」が誕生。絵師、彫師、摺師など浮世絵制作の職人が余業としても制作した。

（牧野容子）

 写真はすべて弓岡勝美氏コレクション

千代紙

錦絵のような花鳥風月や、遊び心を1枚に。

お福百姿

紙にさまざまな図柄を摺った千代紙は平安時代に京都で生まれ、宮廷に納める文書にのみ用いられたものだった。時代を経てそれは江戸にも伝わり、主に錦絵を売る店で扱われるようになった。木版の手摺りのため、制作工程は錦絵と同じ。図案も当初は浮世絵師たちが描いたとされ、花鳥風月が多かったが、やがて庶民の暮らしから生まれた遊び心ある文様も登場した。

また、人気のある歌舞伎役者と結びついた柄も作られた。江戸城に仕えていた侍女たちは、お気に入りの歌舞伎役者と関係のある模様の千代紙で作った手工芸品を、大切に持っていた。

（牧野容子）

江戸柄

秋の草々

蘆雁菖蒲韋

志ん版 紋づくし

つた

草花や風景の鮮やかな色彩や、着物のように繊細な文様など、木版の高い技術が多彩な意匠を生む。髪を結ったり、針仕事をしたり、おしゃべりをしたりとさまざまなお福が描かれた「お福百姿」は、一人一人の表情が愛らしく、縁起のよい柄。「紋づくし」は江戸の庶民に馴染みの洒落紋を集めている。写真の商品はすべて、いせ辰☎03・3823・1453

ぽち袋

小さなご祝儀袋に込められた、笑いや人情。

大入

力士

招き猫

花柳界から広まったぽち袋。この小さな祝儀袋に、旦那衆が贔屓の芸者などに心づけを入れて渡した。「ぽち」とは「これっぽっち」が転じた言葉で、「ほんの気持ちだけ」を包むという意味だといわれる。

図柄には、歌舞伎や能の舞にちなんだものだけでなく、笑いや、渡す相手へのメッセージが反映された。招き猫と同様に縁起物とされたざるかぶり犬は、ざるの粗い目を通して「病が抜ける」ことから、子どもの健やかな成長を願う気持ちが込められている。包むお金はわずかでも、小さな袋の意匠にすらこだわる江戸っ子の心意気が表れている。

桃太郎

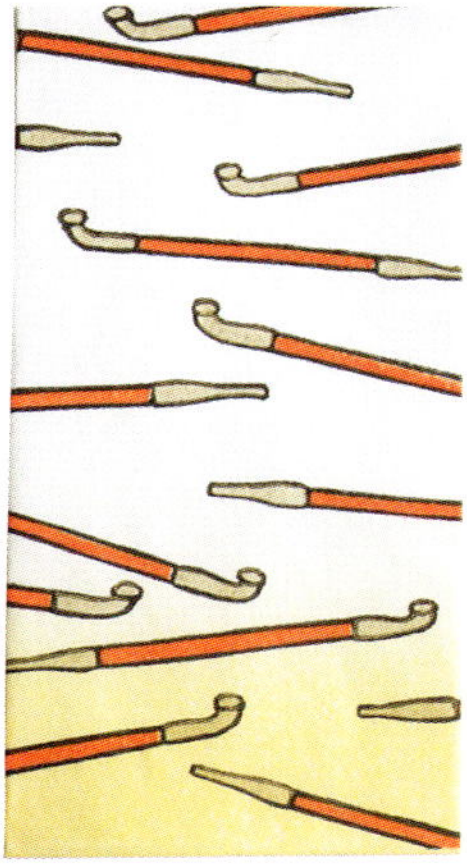

煙管

ざるかぶり犬

ぽち袋の摺師、剣持昭正さんが使うのは伊予奉書という和紙。ひとつの図柄は4〜8色程度で、まず輪郭の墨線を摺り、薄い色から濃い色に重ね摺りする。大名屋敷で飼われる「お屋敷犬」は、「ざるかぶり犬」とは対照的に衣装が豪華。魔除けの神といわれる「鍾馗(しょうき)」は、端午の節句に。写真の商品はすべて、剣持昭正☎03・3824・5844

お屋敷犬

独楽

鍾馗

手ぬぐい

歌舞伎の家紋や舞台と、身近なモチーフの意匠。

「三升（みます）」は市川團十郎家の定紋で、七代目團十郎の人気が高まると、手ぬぐいや浴衣などに染められるようになった。米つなぎ、小桜、豆絞り、そろばん玉といった生活回りのモチーフは、シック＆シンプルな柄だ。写真の商品はすべて、ふじ屋 ☎03・3841・2283

三升

江戸中期以降、手ぬぐいの素材に晒麻布に代わって木綿が登場。実用的な用途だけでなく贈答品としても利用され、さまざまな文様が施された。

歌舞伎役者も家紋や舞台にまつわる言葉をデザインしてオリジナルの手ぬぐいを制作。三代目尾上菊五郎の「斧琴菊（よきこときく＝よいことが耳に入りますの意）」や、七代目市川團十郎の「かまわぬ」などがある。

商店なども宣伝に手ぬぐいを使い、屋号を入れて染め、客に配った。デザインが多彩になるにつれて庶民も好みの柄をそろえるようになり、手ぬぐいは江戸っ子の「粋」を表現する小物の一つになっていった。（牧野容子）

米つなぎ

斧琴菊

かまわぬ

小桜

浴衣

湯屋の流行とともに広がった、藍染めの装い。

目にも涼しげな、白地に藍染めの江戸浴衣。浴衣が江戸の町に流行したのは、湯屋が庶民の憩いの場として広まったためだ。入浴後に汗を吸い取らせるためだけでなく、そのままくつろぐ際にも用いられ、次第に夏場の着物として庶民の間に定着した。

贅沢が禁止され、浴衣の生地は木綿しかなかったため、人々は柄に凝るようになった。とくに手ぬぐい同様、歌舞伎役者が舞台衣装に用いた文様や、吉原の遊女たちの間で流行った文様などが町人の間でも人気を呼んだ。また、夏の暑さをひとときでも忘れるようにと、秋草などほかの季節を連想させるモチーフも取り入れられた。

鐶繋ぎ

番傘

市松

隈取

「鐶繋ぎ（かんつなぎ）」は芝翫縞（しかんじま）とも呼ばれ、三代目中村歌右衛門（芝翫）が舞台衣装で用いた文様。4本の縦縞の間に鐶繋ぎを配して「四鐶（しかん）」と「芝翫」の語呂合わせをした。「隈取（くまどり）」とは、役柄を強調するために施す歌舞伎の化粧法。写真の商品はすべて、竺仙☎03・5202・0991

■風鈴

赤い魔除けが、目にも涼しげな夏の風物詩に。

椿

風鈴は、寺院の軒の四隅に吊るされた風鐸が始まりとされる。平安、鎌倉時代には貴族の間で自宅の縁側に下げて使われるようになり、享保年間になってガラス製のものが生まれたという。当初はガラスが高価だったため、ガラス製の風鈴も庶民には珍しい品物だった。

元は厄除けや魔除けの目的で使われていたため、当時は赤い色のものが多かったようだ。次第に呪術性は薄れ、涼を呼ぶ夏の風物詩として大衆に広まった。

透明なガラスに金魚やあじさいが描かれた風鈴には、清涼感が漂う。高温多湿な環境を風鈴の涼しげな音色と佇まいから乗り切ろうという、庶民の知恵が感じられる。

一般的なのがほぼ球形の小丸。絵はすべて内側に描かれ、金魚、あじさい、朝顔、花の4つが江戸風鈴の定番の柄。赤い風鈴は、小判の裏にはかぶが、松の裏には宝船が描かれている。「椿」のように細長い形は江戸時代からあったという。この形は小丸より音が渋い。鳴り口のぎざぎざは、音をやわらかくするため。写真の商品はすべて、篠原風鈴本舗☎03・3670・2512

金魚

かぶと小判

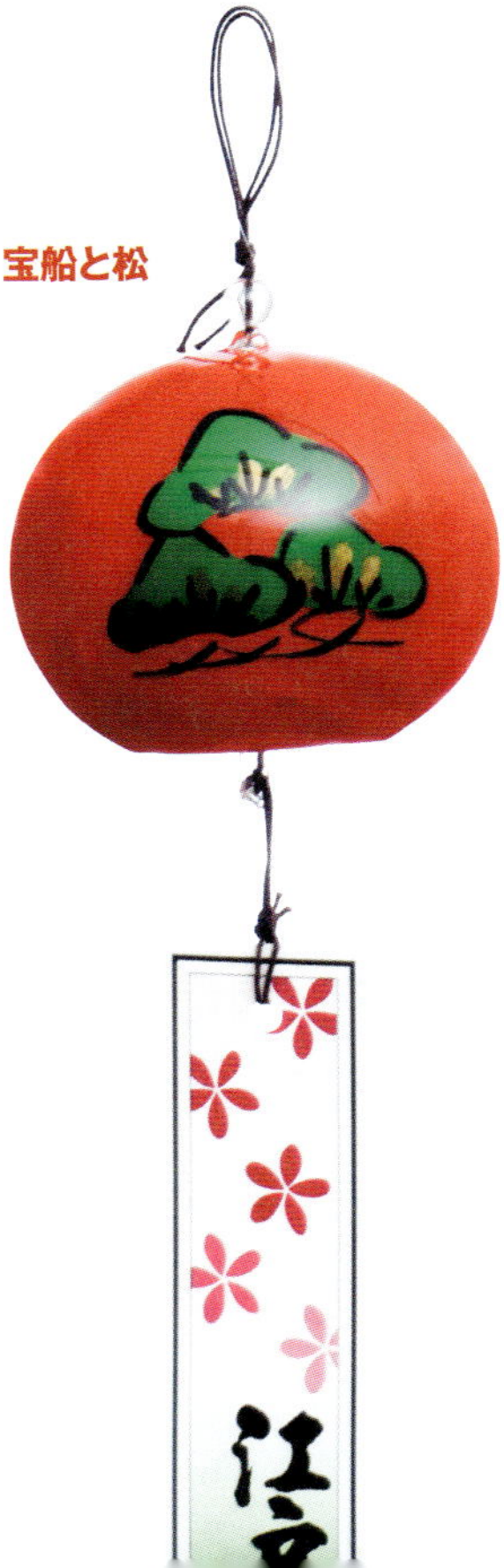

宝船と松

切子

職人の技が生む、きらびやかで繊細な文様。

重ね矢来
（徳利、ぐい呑）

江戸切子の技法は、天保5年（1834年）に江戸大伝馬町のびいどろ屋、加賀屋久兵衛が考案した。そのカットの美しさから、嘉永6年（1853年）にペリーが浦賀に来航した際には、加賀屋の切子細工が献上されたという。当時は青や赤の色を被せたものよりも、透明なガラスを使った切子が主流だった。

カットが深く鮮明で、華やかなのが江戸切子の特徴。ガラスの表面に施された繊細な文様が、独特のきらめきを放つ。矢来《やらい》や麻の葉などの基本的なパターンに加え、菊籠目など複雑で、高度な技術を要する文様も。それらの組み合わせ方によって、職人独自のデザインが生まれる。

魚子帯籠目紋
(ロックグラス)

丸菱籠目
(糸底中鉢)

矢来に魚子と星
(盛皿)

麻の葉
(一口麦酒杯)

斜めにクロスした「矢来」や、魚の卵のように見える「魚子(ななこ)」は、シンプルな美しさ。「籠目」は籠の編み目を模様化したもの。「麻の葉」は、麻の葉に似ていることから名づけられた文様。麻は丈夫で真っ直ぐに伸びることから、子どもの無事な成長を願って産着などにもよく使われた。写真の商品はすべて、清水硝子☎03·3690·1205

秋

秋の気配を感じながら、月見に祭りに大忙し。

盆の行事が一段落すれば、晩夏から秋へと移ろう夕風のかすかな変化に、町の雰囲気もどこかしっとり。すすきや秋の七草を籠に担いだ物売りの、情緒あふれる売り声を遠くに聞けば、長屋でひとり文机に向かい、誰かに一筆したためたい気分にもなるだろう。

この時季、風雅な江戸人の心をとらえるのは、何をおいてもお月さん。秋といえば、愉しみは月見である。月の出を待つ二十六夜待ちや仲秋の名月など、月見の晩は海や川に船を浮かべ、高台には人が集まり、月光の下で宴に興じた。

十五夜の団子に彼岸のおはぎ作り、そしてもちろん、食欲と実りの秋と、この季節の台所は何かと大忙しだ。弁当片手に紅葉狩りや栗拾いへ出かけたりと、行楽シーズンでもあるから、しんみり暮れゆく秋とは裏腹に、包丁などの台所用品は、これから年末にかけてフル回転。

さて、秋は社の祭りもたけなわ。何日も続くことから「だらだら祭り」の異名をとる芝神明祭や、下町を江戸っ子パワーで揺るがす神田明神祭など。「睦」と染め抜いた地元の半天をいなせに着こなす男衆が、山車を引き神輿を担ぎ、祭り提灯は家々の軒を飾った。

暦の上では、11月ともなればもう冬至。柚子湯をたて、鷲神社の酉の市で縁起物の熊手を買う頃には、炬燵が恋しいばかりの寒さ。そろそろ初雪も降ろうか。

（山田香央理）

風情を残す、
建築モチーフと都市設計。

江戸design

現存する建築に見る、商家や生活空間の佇まい。

ビルの狭間にあっても、銀座・晴海通りにその威厳を落とす歌舞伎座の瓦屋根。

東京の町並みは、明治の文明開化で整備されたもの——そう思い込まれている向きが多いようだ。しかし東京の骨格は、その200年以上前、江戸時代初期に形成されたものである。

たとえば銀座の格子状の街路。整然と区画整理された町並みは、慶長8年（1603年）の開府とほぼ同時に町づくりに着手した徳川家康の手によるものだ。

当時、まだ磐石とはいえなかった江戸を防御するため、家康は周囲を掘割（運河）で囲んだ上で、「京間《きょうま》」という単位を正確に当てはめて街路幅を決定している。

そこには日本のモデルとなるべき町の姿を示そうという、江戸幕府の決意さえ読み取ることができる。

寛文2年(1662年)に開基された亀戸天神。広大な境内にある庭の池にかかる太鼓橋は、広重の『名所江戸百景』にも描かれている。

1万石以上の石高を誇った本多家の
屋敷があった、神楽坂の本多横丁。

赤門のそばに立つ「海鼠（なまこ）壁」は、土のすき間を漆喰で格子状に盛り上げたスタイル。

東京大学の赤門は、第11代将軍徳川家斉の息女溶姫が加賀藩主前田斉泰に嫁いだときに建立されたもの。

増え続ける人口にも対応、優れた都市計画があった。

江戸は、階級によって居住するエリアがほぼ決められた町であった。それは大きく、武士などの支配階級が屋敷を構えた「山の手」、町人階級の長屋が連なる「下町」に二分される。

山の手では、たとえば現在は東京大学の門のひとつになっている「赤門」があるが、これは元々、加賀藩江戸屋敷の一部。東大が面している本郷通り（かつての中山道）沿いには、ほかにも多くの大名屋敷が軒を連ねていた。

神楽坂は「組屋敷」と呼ばれる武士の邸宅が並んでいたエリア。最近はマンションなどの高層建築が目立つようにはなったものの、武家屋敷としての区画の名残がいまなお色濃く残っている。

ところで、江戸においては寺院の配置も重要な意味を持っている。

幕府は江戸城から見て陰陽道の鬼門にあた

琵琶湖に見立てて作られたといわれる上野不忍池。上野に東叡山寛永寺と不忍池を配することで、平安京をイメージできる空間が誕生した。

る東北の方角には寛永寺（台東区上野桜木）を建立して菩提寺とし、その対極、つまり南西に増上寺（港区芝公園）を移築、同じく徳川の菩提寺とする。浅草寺とともに江戸の3大寺を構成するこれらの寺院は、江戸の町を取り囲む高台に配置され、町を防御する役目も果たしていたのである。さらに寺院の周辺に広がった門前町が、結果的に江戸の域を拡大することにもなった。

　武家の山の手に対して、商人の町として発展

「学問の神様」として名高い湯島聖堂は、関東大震災でそのほとんどを焼失したが、この入徳門は宝永元年(1704年)の姿のまま残っている。

台東区谷中に現存する観音寺築地塀は、高さ約2m、長さ約38mに達する。

芝・増上寺。東北の寛永寺に対して、南西の裏鬼門にあたる芝に増上寺を移築することで、風水学的に江戸を守っていた。

江戸城和田倉門前にかかる和田倉橋では、2万〜3万石の諸大名が警備を担当していた。

「桔梗御門」としても知られる江戸城三の丸南門。江戸城を築城した太田道灌（1432〜86年）の家紋でもある桔梗紋が刻まれた石垣も見える。

したのが下町である。

諸国からの物資を運び込むため、幕府は多くの掘割を開削し、河川を付け替え（移動させ）て、船が直接江戸の城内や町の河岸につけられるよう整備した。それはイタリアのヴェネチアと見紛うほどに、江戸時代の下町を縦横無尽に走っていた。

水路の所々には「河岸」が設けられ、そこに揚げられる物産を求めて人や店も集まってきた。戦後の高度成長期、その多くは暗渠化され

神田川が隅田川と交わる柳橋の船宿。江戸時代は、ここから船に乗って浅草へ観劇に、そして夜は吉原や向島へ遊びに行くのが粋だった。

コの字形の升形に石塁を積み上げた常盤橋門。江戸城を守護していた。

天正18年(1590年)の完成といわれている常盤橋は、両国橋がかかるまで江戸一の大橋だった。現在の姿は明治10年(1877年)に改築されたもの。

大沢家住宅

寛政4年（1792年）

2階の正面部分は、牡蠣の殻を砕いて粉状にしたものを塗った「黒漆喰」。雨水にも火事にも強く、川越では広く採用された。

左：上部の接合だけで支える「吊り漆喰鴨居」。何度も漆喰を塗り重ねることで強度を保っているが、現在はすでに伝えられていない技術で、塗り替えることは不可能だという。右：住宅の内部は、耐震性を考慮して曲面状の壁で囲まれている。

たり高速道路が上をふさいでしまったが、浅草橋にある柳橋や日本橋に、面影を見ることは可能だ。

　これらの水路では、歌舞伎役者が船で劇場入りする「船乗り込み」という行事も風物詩となった。銀座の歌舞伎座が、いまは埋め立てられた築地川に面しているのも、その名残だ。

　江戸時代の武家階級の住宅を代表するのが、主室に床、棚、書院、帳台構《ちょうだいがまえ》を備えた「書院造り」である。特に明暦の大火（1657年）以降、接客・対面用の大書院と小書院をもった武家屋敷が江戸では規格化されていった。

　その一方、商人などの町人階級が住む町家は、商店とその主人家族が居住する「表店《おもてだな》」、その丁稚や賃借人が軒を並べる「裏長屋」で構成されていた。表店は通りに面しており、正面は商店、その奥に居間や炊事場などの生活空間が設けられていた。裏長屋は、何戸もの家が文字通り一つ屋根の下に並んでいる庶民の家屋である。

正上（しょうじょう）

天保3年（1832年）

江戸の建築でよく見かける伝統的な瓦のデザイン。こうした瓦の一つ一つにも、200年以上の歴史が刻まれていると思うと感慨深い。

１８００年に油屋として創業、この店舗の完成とともに醤油製造にも進出。格子戸の内側には「よろい戸」も残る。

これらの屋敷や町家は、現在の東京で見るべくもないが、江戸の影響を受けた周辺の「小江戸」では、その面影をいまに伝える建築物が残っている。

耐火構造の格子や、蔵造りをリノベする工夫。

江戸の人口急増対策として、幕府は河川を利用した物資輸送ルートを構築していく。たとえば、現在の埼玉県からは新河岸川と荒川（現在の隅田川）を使って農産物を、千葉からは利根川で醤油や塩を江戸表に運んだ。

現在の埼玉県川越市や千葉県佐原（香取市）は、明治以降の急速な近代化を免れ、いまでも当時の商家が並ぶ江戸の町並みを残している。

芋を中心とした農産物の一大集積地として賑わいを見せていた川越には、江戸との取引で財を成した商人の大きな屋敷が並んでいる。

そのほとんどは、明治26年（１８９３年）の川越大火を契機に建てられたものだが、奇跡的に

清宮(せいみや)家住宅

明和2年(1765年、母屋)

清宮秀堅(1809～79年)の居宅。清宮は、漢学のほかに地理や歴史にも造詣が深く、『下総国旧事考』などの地誌も残した。

左：250年近い年月を経てまだ子孫が居住する母屋。右：清宮は漢学者であったが、家業として穀物、醤油などを扱う商人でもあった。創業は享保15年（1730年）にまでさかのぼるという老舗だった。

被害を免れた「大沢家住宅」が現存している。

当時、ひとたび火災が起これば町中は火の海となった。その中で大沢家が残ったのは、じつは必然だった。いまも外観に残る2階窓の格子は外から迫る火を分散させ、中の二重窓によってその侵入を防いでいた。まさに、耐火構造が生かされた証拠だった。

呉服太物の豪商「近江屋」の主、西村半右衛門によるこの建物は、1階が31畳の畳敷き大部屋で、前面に土間を設け、左右には半間の板敷きの間がある。2階は、道路側に16畳の広間と8畳間、反対側は8畳間が3室配置されている。この建物が火災を生き抜いたことで、蔵造りで店舗や家屋を再築する商人が川越では主流となった。

一方、醤油の生産で栄えたのが佐原。小野川沿いに立ち並ぶ商家では、船を使って江戸との取引が盛んに行われており、いかだ焼の「正上」や、荒物や雑貨を扱っていた安政2年（1855年）建築の「中村屋商店」、漢学者清

伊能忠敬旧宅

寛政5年(1793年、書院)

伊能忠敬が自ら設計したと伝えられる書院。ここで商売の傍ら学んだ測量の技術が、蝦夷地からの全国測量の礎となった。

左:旧宅の店舗。伊能家は代々酒造や米穀の取引で成功した名家で、忠敬も50歳で江戸に出るまでは商人としてここ佐原で過ごした。右:現代建築の中にあっても不思議ではないほどモダンに見える障子。

宮秀堅の住宅など、こちらも小さな町ながら数軒の江戸建築が保存されている。

伊能忠敬が30余年を過ごした家は、佐原有数の商家で、店舗兼住宅が炊事場を通って書院とつながる造りになっている。書院は店舗兼住宅の裏に位置し、忠敬による設計。書院の様式を受け継ぎながら、商家にも組み込むという工夫が見られる。時代の経過とともに変化する江戸の柔軟性が、この建築には見て取れる。

(秋山岳志)

江戸design

冬

炭火の長火鉢に集まって、家族や仲間と団欒を。

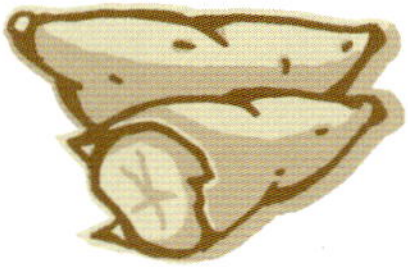

八百八町を白一色に染めた粉雪の朝。いつもよりしんと静まる往来に響くのは、雪遊びに励む子どもたちの歓声と、冬の風物詩、焼き芋屋の賑わいだ。江戸っ子は男も女も焼き芋が大好物。ほっくり甘く香ばしい川越芋の熱々を頬張り、身体の中から暖を取る。

　されど、それもしばしの温もり。すきま風吹く長屋の寒さは、思いのほか厳しいもの。この時季に恋しくなるものといえば、やはり炭火の火鉢だ。火箸で灰を弄びながら物思いにふけったり、のんびりと酒の燗をしたり。家族や仲間との団欒も、冬場は自ずとここが定位置。

　そんな冬ののどかな光景も、師走半ばともなれば話は別。12月13日は江戸城の煤払い。武家も町家もこの日に合わせて、みな箒やはたきを手にとって、年に一度の大掃除を敢行した。

　煤払いを機に、町は年越しの準備へ向かう。人々は、江戸の各所に立つ歳の市へと繰り出し、三方やしめ飾りを調達する。大晦日は、借金の取り立てが走り回り、物売りや大道芸人も今年最後の声を張り上げる一日。だが、年が明けて初日の出を拝んでしまえば、元日だけは嘘のように静まり返った寝正月である。

　そして、2日からは初売りに初詣でと、町は再びいつもの活気と華やぎに包まれる。気づけば、はや暦は立春。やがて聴こえる鶯の初音が、春の訪れを知らせるだろう。

（山田香央理）

260年にわたる、
江戸デザインの系譜。

江戸 design

西暦	年号	
1600	慶長5	関ヶ原の戦い
1603	慶長8	徳川家康、征夷大将軍となり、江戸幕府を開く
1615	元和1	大坂夏の陣、武家諸法度 本阿弥光悦が「鷹峰芸術村」を作る
1620	元和6	この頃、桂離宮の造営が始まる
1637	寛永14	本阿弥光悦死去。島原の乱が勃発
1639	寛永16	ポルトガル船の来航を禁止し、鎖国が始まる
1657	明暦3	徳川光圀、『大日本史』の編纂を開始 明暦の大火。遊女街を日本橋から吉原に移す
1666	寛文6	円空、蝦夷地へ渡る。円空作『観音菩薩像』
1671	寛文11	この頃、菱川師宣の絵入り本が盛んに出版され、「大和浮世絵」の呼称も生まれる
1678	延宝6	菱川師宣『吉原恋の道引』
1682	天和2	井原西鶴『好色一代男』
1685	貞享2	生類憐れみの令。貝原好古『日本歳時記』
1689	元禄2	松尾芭蕉、奥の細道の旅に出る この頃から手彩色の丹絵が刊行される
1690	元禄3	奈良・東大寺の大仏の頭部が新鋳される

江戸時代初期は、桃山時代に生まれた華麗で荘厳な芸術が、より洗練された町人の美術へと発展していった時期であった。徳川幕府は権威の象徴として、桃山時代に秀吉が建てたものよりもさらに大規模で荘厳な城郭、霊廟などを建設。京都二条城二の丸御殿、日光東照宮の社殿などがその代表建築として挙げられる。

17世紀後半になると、芸術文化の担い手は富裕化する町人層へと移行していった。数寄屋造りの住宅である桂離宮が造営され、装飾を排し、簡素でありながらも斬新な室内デザインや庭園建築が注目を浴びた。以後、数寄屋造りは一般の町屋から農家にまで広がり、和風住宅の様式を確立させた。

絵画においても、17世紀前半に活躍したのは、代々将軍家の御用絵師を務めた狩野派であった。信長や秀吉に支持され

1691	元禄4	狩野永納『本朝画伝』
1692	元禄5	井原西鶴『世間胸算用』 この頃から、墨摺一枚絵が単独で刊行される
1702	元禄15	赤穂浪士討ち入り。この頃、尾形光琳『燕子花図屏風』を描く 俵屋宗達の『風神雷神図屏風』を模写したのもこの頃か
1703	元禄16	近松門左衛門『曾根崎心中』初演
1715	正徳5	この頃、尾形光琳『紅白梅図屏風』を描く
1716	享保1	享保の改革。この頃に丹絵から紅絵に移行 新井白石『折たく柴の記』
1717	享保2	色摺の摺物が始まる
1730	享保15	多色摺本が出版され始める。『父の恩』など
1732	享保17	享保の大飢饉
1746	延享3	画家の画譜が盛んに出版されるようになる 大岡春卜『明朝紫硯』(初版)
1748	寛延1	竹田出雲『仮名手本忠臣蔵』初演
1763	宝暦13	平賀源内『根南志具佐』
1765	明和2	鈴木春信、大久保巨川らによって錦絵(多色刷木版画)が創始される
1766	明和3	この頃、鈴木春信『座敷八景 台子夜雨』(巨川版)

た狩野永徳の孫、探幽は、16歳で幕府の御用絵師に命じられ、25歳で二条城障壁画の制作を任されるなど、その権威を不動のものとした。狩野派は各藩の御用絵師や町人に指導する町狩野など、全国的に活動を展開した。

大名・旗本が町人と一緒に、サロンで新たな芸術を生む。

将軍家に仕えた狩野派に対し、絵画の世界に新しい潮流を起こしたのは、京都の上層町衆から現れた俵屋宗達を祖とする琳派である。金銀の箔や泥を使う表現方法と高度なデザイン性で、大和絵の世界に革新をもたらした。

装飾画とも呼ばれるその流れは、尾形光琳や酒井抱一らに受け継がれた。特に抱一は18世紀後半以降、それまで京都が主な舞台であった琳派を江戸に根づかせたことでも知られる。

1767	明和4	伊藤若冲『乗興舟』
1772	明和9	本木栄久訳『和蘭全軀内外分合図』(我が国最初の翻訳解剖書)
	安永1	田沼意次、老中となる
1774	安永3	杉田玄白訳、小田野直武画『解体新書』
1776	安永5	上田秋成『雨月物語』、伊藤若冲『玄圃瑤華』
1779	安永8	洒落本、黄表紙の流行
1780	安永9	秋里籬島著、竹原春朝斎画『都名所図会』 以後、名所図会の出版が盛んになる
1783	天明3	天明の大飢饉の始まり
1787	天明7	寛政の改革始まる
1788	天明8	喜多川歌麿『画本虫撰』
1790	寛政2	山東京伝『傾城買四十八手』 寛政異学の禁(好色本の取締り)
1791	寛政3	秋里籬島著、竹原春朝斎画『大和名所図会』 山東京伝、手鎖
1794	寛政6	東洲斎写楽『市川鰕蔵の竹村定之進』 この頃、歌麿『青楼七小町』
1798	寛政10	本居宣長『古事記伝』
1799	寛政11	葛飾北斎『東遊』(初版)

平和な現世を謳歌する生き方「浮世」を題材にした浮世絵が成立するのは17世紀後半のこと。吉原の遊女やその客の風俗を描くことから始まり、菱川師宣は肉筆の美人画に優れた才能を発揮した。

浮世絵は肉筆だけでなく版画としても広まった。初期の版画は墨の単色摺だったが、やがて多色摺が登場。そのエピソードを、江戸東京博物館館長の竹内誠さんが話してくれた。

「18世紀半ば頃、町人化した隠居大名や旗本が町人と一緒に集まって、連歌や狂歌を楽しむサロン(連、座など)が形成されます。そこでは私家版の絵暦の交換会が流行し、絵や文字の表現がさまざまに工夫されるようになっていました。

そんななか、明和2年(1765年)に旗本の大久保巨川と町人の鈴木春信が絵暦に浮世絵版画の多色摺を考案。これが錦絵の誕生となったのです。身分を

1802	享和2	北斎『画本東都遊』(再版多色摺)出版開始 十返舎一九『東海道中膝栗毛』出版開始
1805	文化2	谷文晁『名山図譜』
1814	文化11	曲亭馬琴『南総里見八犬伝』出版開始。北斎『北斎漫画』
1815	文化12	杉田玄白『蘭学事始』
1821	文政4	伊能忠敬『大日本沿海輿地全図』
1826	文政9	酒井抱一編『光琳百図』 抱一は20年代に宗達の『風神雷神図屏風』も模写
1831	天保2	北斎『富嶽三十六景』
1832	天保3	為永春水『春色梅児誉美』。人情本が流行する
1833	天保4	歌川広重『東海道五拾三次』。天保の大飢饉
1834	天保5	長谷川雪旦画『江戸名所図会』
1837	天保8	大塩平八郎の乱
1841	天保12	水野忠邦、天保の改革
1844	弘化1	山東京山『乳母草子』出版開始
1853	嘉永6	ペリー、浦賀に来航
1856	安政3	広重『名所江戸百景』制作開始
1868	明治1	明治維新

超越した文化活動が盛んに行われ、町人と武士の合作で新しい芸術が生まれたケースも多いですね」

江戸のアートやデザインの担い手はもっぱら町人といわれているが、じつは武家の貢献度もかなり高かったのだ。

18世紀後半から幕末にかけて黄金期を迎える錦絵は、鳥居清長、喜多川歌麿、東洲斎写楽などの天才絵師たちが傑作を発表していく。

(牧野容子)

[参考文献]

『江戸の出版事情』内田啓一著（青幻舎）
『江戸芸術の演出者 蔦谷重三郎』松木寛著（講談社学術文庫）
『図説 江戸の学び』市川寛明・石山秀和著（河出書房新社）
『日本服飾史』谷田閲次・小池三枝著（光生館）
『服飾の表情』小池三枝著（勁草書房）
『きものと裂のことば案内』長崎巌（小学館）
『週刊人間国宝41号』（朝日新聞出版）
『書のデザイン　書の名筆Ⅲ』（出光美術館）
『千社札』野島寿三郎著（ピエ・ブックス）
『いせ辰 江戸千代紙』いせ辰著（ピエ・ブックス）
『続 平成てぬぐいあわせ』川上桂司・川上千尋編（明治書院）
『江戸の職人』鈴木章夫監修（青春出版社）
『東京の空間人類学』陣内秀信著（筑摩書房）
『銀座四百年』岡本哲志著（講談社）
『日本人のすまい――住居と生活の歴史――』稲葉和也・中山繁信著（彰国社）
『江戸時代館』竹内誠監修（小学館）
『日本美術の歴史』辻惟雄著（東京大学出版会）

文　秋山岳志（p.4〜6、p.100〜111）、赤坂英人（p.8〜15、p.27〜33）、新川貴詩（p.16〜20）、牧野容子（p.22〜26、p.78〜87、p.90〜91、p.114〜117）、山田香央理（p.34、p.60、p.98、p.112）、高瀬由紀子（p.36〜59）、uga（p.62〜76）
写真　uga（p.8、p.16、p.22、p.68〜76、p.100〜111）、古立康三（p.77、p.88〜89、p.92〜97）、植村忠透（p.84〜87、p.90〜91）
写真協力　DNPアートコミュニケーションズ
イラスト　森恵（p.34、p.60、p.98、p.112）
協力　江戸東京博物館、内田啓一（出版）、難波匡甫（建築）
地図製作　デザインワークショップジン
校閲　麦秋アートセンター

ブックデザイン　SANKAKUSHA
カバーデザイン　佐藤光生（SANKAKUSHA）

pen BOOKS
江戸デザイン学。

2010年3月19日　初　版
2022年2月14日　初版第5刷

編　者　ペン編集部
発行者　菅沼博道
発行所　株式会社CCCメディアハウス

〒141-8205　東京都品川区上大崎3丁目1番1号
電話　03-5436-5721（販売）
　　　03-5436-5735（編集）
http://books.cccmh.co.jp

印刷・製本　凸版印刷株式会社

ISBN978-4-484-10203-0

ペン・ブックスシリーズ 好評刊行中

pen BOOKS

茶の湯デザイン

木村宗慎［監修］
ペン編集部［編］
ISBN978-4-484-09216-4
定価：1980円（本体1800円）

茶室、茶道具、花、懐石、菓子、抹茶……日本の伝統美の極みを、あらゆる角度から味わい尽くす。

005

千利休の功罪。

木村宗慎［監修］
ペン編集部［編］
ISBN978-4-484-09217-1
定価：1650円（本体1500円）

黒楽茶碗、茶室「待庵」、北野大茶湯……「茶聖」が生んだ、比類なきデザイン性のすべて。

006

美しい絵本。

ペン編集部［編］
ISBN978-4-484-09233-1
定価：1650円（本体1500円）

世界の旬な絵本作家、仕掛け絵本の歴史、名作復刊のトレンド……イマジネーションを刺激する、100冊を超える絵本を紹介。

007

もっと知りたい戦国武将。

ペン編集部［編］
ISBN978-4-484-10202-3
定価：1650円（本体1500円）

乱世を駆け抜けた男たちの美学、デザイン、生きざまを知る決定版。武人の知られざる才能から城、甲冑、家紋まで。

008

ダ・ヴィンチ全作品・全解剖。

池上英洋［監修］
ペン編集部［編］
ISBN978-4-484-09212-6
定価：1650円（本体1500円）

すべての絵画作品と膨大な手稿を徹底解剖。“人間レオナルド”の生身に迫る！

001

パリ美術館マップ

ペン編集部［編］
ISBN978-4-484-09215-7
定価：1760円（本体1600円）

オルセー、ポンピドゥー、ケ・ブランリーから小さな美術館・博物館まで、街中に点在する魅力的な44館をたっぷり紹介！

002

ルーヴル美術館へ。

ペン編集部［編］
ISBN978-4-484-09214-0
定価：1760円（本体1600円）

さまざまな分野のプロたちが、自分だけの“ルーヴル”を案内。新たな視点から見た、絢爛たる王宮の真の姿とは。

003

神社とは何か？ お寺とは何か？

武光 誠［監修］
ペン編集部［編］
ISBN978-4-484-09231-7
定価：1650円（本体1500円）

日本の神話、心に響く仏像から、いま訪れるべき寺社まで。

004